Hanyu Jiaoji Kouyu

汉语交际口语

编 者 陈作宏 张璟

English Version ②

jiào

jì

ORAL COMMUNICATION IN CHINESE

高等教育出版社·北京

图书在版编目（CIP）数据

汉语交际口语：英文版 . 2/ 陈作宏，张璟编 . — 北京：高等教育出
版社，2008.5（2017.7重印）
ISBN 978-7-04-022926-4

Ⅰ. 汉…　Ⅱ.①陈…②张…　Ⅲ. 汉语 – 口语 – 对外汉语教学 – 自学
参考材料　Ⅳ. H195.4

中国版本图书馆 CIP 数据核字（2008）第 041552 号

策划编辑	梁　宇	责任编辑　梁　宇	封面设计　彩奇风	版式设计　刘　艳	
插图选配	张　璟	责任校对　梁　宇	责任印制　尤　静		

出版发行　高等教育出版社
社　　址　北京市西城区德外大街 4 号
邮政编码　100120
印　　刷　北京鑫丰华彩印有限公司
开　　本　889×1194　1/16
印　　张　14
字　　数　414 000
购书热线　010-58581118
咨询电话　400-810-0598

网　　址　http://www.morefunchinese.com
　　　　　http://www.hep.com.cn
网上订购　http://www.hepmall.com
　　　　　http://www.hepmall.com.cn
　　　　　http://www.hepmall.cn

版　　次　2008 年 5 月第 1 版
印　　次　2017 年 7 月第 5 次印刷
定　　价　59.00元

前　言

　　近几年，汉语短期班中非零起点的学生越来越多，他们虽然都学过汉语，但在听说方面困难很大，会说的话很有限。因此，他们迫切需要在短时间内快速提高口语水平。这些学生的情况十分复杂：有的多年前学过一些，基本已经忘记了；有的学了一两年，但每周只学一两个小时。这为选择教材和课堂教学带来很大的困难。《汉语交际口语2》就是为解决此类教学的复杂性而编写的。

　　本书是以实用的交际任务为主线编写的任务型短期汉语教材。我们在教材中提供了很多实用的交际任务，使学习者能在使用汉语的过程中学会汉语。我们希望学生在使用本教材的过程中能有所收获，并能体验到使用汉语完成任务的快乐。

　　全书由15个单元和两首中国歌曲组成。建议每单元使用4～5课时。本书提供了丰富的可选内容，使教材具有了更大的伸缩性。因此，教学时间为50～70课时的短期班都可以选用本教材。书后附有词类简称表、词语表、生活常用句和语言注释列表，方便师生检索、查找信息。

主要特点

- 用丰富多样的活动将复习、学习、扩展有机地结合起来，环环相扣，层次清楚。为教学提供了很大的空间。
- 学习内容不但能满足短期班学生的生存需求，也能满足有一定基础的学生与中国人深度交谈的需要。
- 课文语句简短易学，利于学生记忆；课文内容贴近真实生活，利于学生使用。
- 课堂活动的设计突出体现了体验式教学的特点。题型丰富，伸缩性大。可以根据不同学生的实际水平和教学安排，有计划地选用。
- 辅以大量功能性图片，帮助学习者进入情景，减轻记忆负担。

单元结构

目标：每单元的最前面列出了明确的学习目标。令学生有的放矢、更有兴趣地投入学习。

复习：可以激活学生在某一方面的相关知识，还能帮助他们为学习这一课做好词汇和话题方面的准备。

句子：每单元精选出的主要句子，帮助学生熟悉新词语在本课的用法，同时为他们完成任务目标做好句子方面的准备。

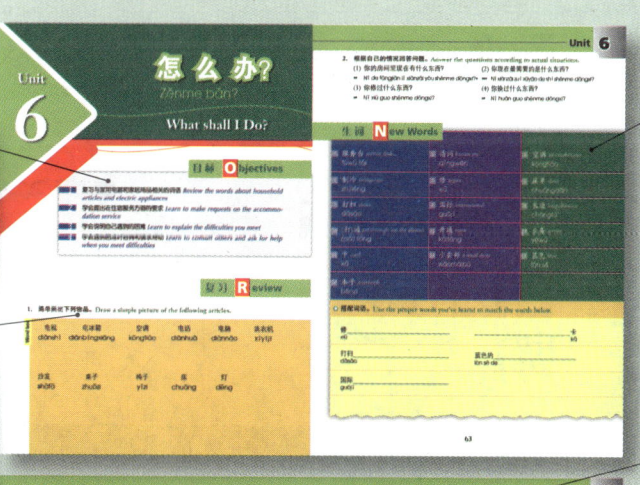

生词：包括生词及搭配练习。

情景：包括真实的生活场景对话及情景练习。

语言贴示：随文注释语言难点，体现注重听说、淡化语法的原则。

替换练习：巩固本课所学的句型。

看图说话：学生可以根据自己对图片的理解说句子或说一段话描述图片内容。

语音练习：提供了辨音、学说绕口令，唐诗等形式多样的语音练习。

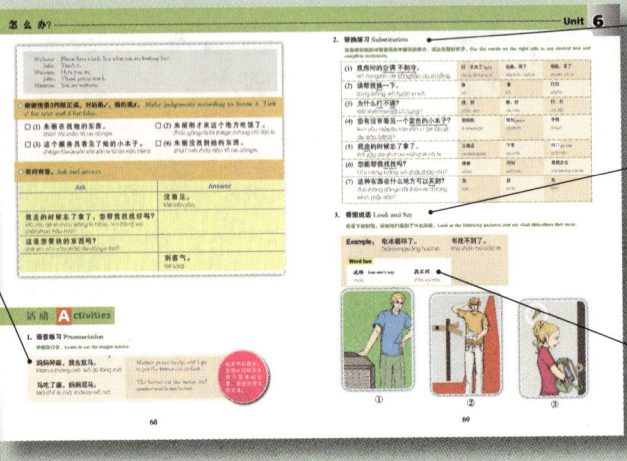

词库和参考句型：为帮助学生顺利完成各种任务，我们为很多活动配有词库和参考句型。其中列出一些与该课主题和交际任务相关的常用词语和句型，方便学生边学边用，随用随查。

双人练习和小组活动：学生可以根据具体任务交换真实信息，最终合作完成任务，以达到在使用汉语的过程中学习汉语的目的。

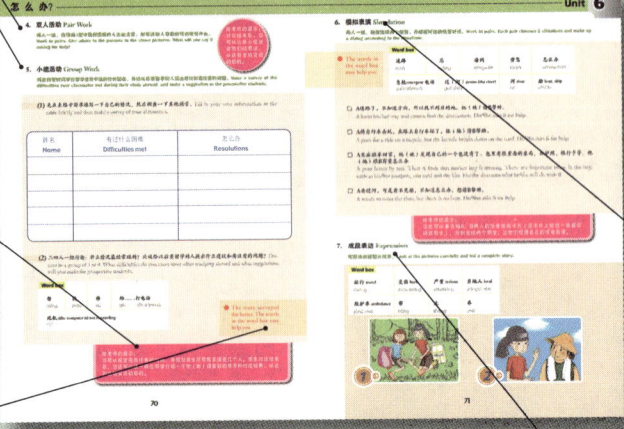

给老师的提示：方便老师备课，并对活动步骤及注意事项提供了一些建议和提示。

给学生的提示：告诉学生某些要求或给出建议等。

模拟表演：这是一个课堂表演环节，也给学生们一个自由发挥的空间。这个活动既可以调节课堂气氛，还能巩固所学的东西。有的需要教师课前做一些准备。

看图交流：要求学生要用汉语交流信息，完成比较图片差异的任务。这个活动具有一定的难度，也是对学生汉语水平的一个挑战。

成段表达：学生可以根据每一课的话题试着说一小段话，比如介绍自己的情况、看图讲故事等。

可以灵活选用的部分

短期教学具有灵活性和多样性的特点，因此教材也必须具有很大的伸缩性。我们充分考虑到这一点，提供了可以灵活选用的部分。

小短文：我们在11～15单元的情景部分增加了小短文。可以根据学生的汉语水平和教学时间灵活选用。

写汉字：为了让学生对汉字和汉字文化有一个感性认识，我们在每单元的最后安排了写汉字的环节，可以根据情况选用。

常用语句：这一部分的内容是日常生活中随时都有可能用上的短语短句，可以根据教学情况随时选用，也可以用于填补一些课堂上的零散时间。

中国歌曲：为了活跃课堂气氛，我们选编了两首非常好听的中国歌曲，可以在合适的时候安排学生学唱。

目　　录

Contents

相 识

Xiāngshí

Getting Acquainted

目标 **O**bjectives

1 复习一般的问候语 *Review the most simply used greetings*
2 学会自我介绍 *Learn to make a self-introduction*
3 学会打招呼的常用语 *Learn the commonly used greetings*

> 给老师的提示：
> 这一课的活动4需
> 要您提前准备一
> 些卡片。

复习 **R**eview

Word box	你好 nǐ hǎo	您好 nín hǎo	你们好 nǐmen hǎo
	认识你很高兴 rènshi nǐ hěn gāoxìng		认识你，我也很高兴 rènshi nǐ, wǒ yě hěn gāoxìng

○ 说一说跟这些人见面时你应该怎么打招呼。**How should you greet the following people when you meet them?**

◆ 一个10岁的小孩儿
  yí ge shí suì de xiǎoháir

◆ 一个19岁的学生
  yí ge shíjiǔ suì de xuésheng

◆ 一个40岁的老师
  yí ge sìshí suì de lǎoshī

◆ 三个中国朋友
  sān ge Zhōngguó péngyou

生词 **N**ew Words

1 专业 major zhuānyè	2 今年 this year jīnnián	3 上 be engaged (in work or shàng　study, etc.)
4 大三 the third year at dà sān　college	5 请教 ask for advice qǐngjiào	6 介绍 introduce jièshào
7 经济 economy jīngjì		

Proper Names

1 美国 America Měiguó	2 杰克 Jack Jiékè	3 王浩 Wang Hao Wáng Hào
4 李静 Li Jing Lǐ Jìng		

○ 搭配词语。Use the proper words you've learnt to match the words below.

_____专业　　上_____
　　　　　　　　　　　zhuānyè　　shàng

请教_____
qǐngjiào

给老师的提示：
您可以让学生说
一说他们搭配的
短语的意思。

句子 **S**entences

1. 你是（我们学校的）留学生吧？　Are you a foreign
   Nǐ shì (wǒmen xuéxiào de) liúxuéshēng ba?　student at our college?

2. 我是中文专业的学生。I'm a student majoring in Chinese.
   Wǒ shì Zhōngwén zhuānyè de xuésheng.

3. 我今年上大三。I'm a junior student at a college.
   Wǒ jīnnián shàng dà sān.

4. （你）去吃饭啊？Are you going to eat?
   (Nǐ) qù chī fàn ā?

5. 你干什么呢？ What are you doing?
   Nǐ gàn shénme ne?

6. 我给你们介绍一下吧。 Let me introduce you guys to each other.
   Wǒ gěi nǐmen jièshào yíxià ba.

7. 她是学经济的。 She is studying economics.
   Tā shì xué jīngjì de.

8. 我是美国留学生杰克。 I'm Jack from America.
   Wǒ shì Měiguó liúxuéshēng Jiékè.

● 他们可能说了什么？ **What might they say?**

● Use the sentences you just learnt.

对。
Duì.

①

你好！
Nǐ hǎo!

②

③

是啊。
Shì ā.

食堂

④

情景 **S**cenes

杰克：　你好！
Jiékè:　Nǐ hǎo!

王浩：　你好！
Wáng Hào:　Nǐ hǎo!

杰克：　我可以坐这儿吗？
Jiékè:　Wǒ kěyǐ zuò zhèr ma?

王浩：　可以。你是我们学校的留学生吧[1]？
Wáng Hào:　Kěyǐ. Nǐ shì wǒmen xuéxiào de liúxuéshēng ba?

杰克：　对。我是美国人，我叫杰克。你呢？
Jiékè:　Duì. Wǒ shì Měiguórén, wǒ jiào Jiékè. Nǐ ne?

王浩：　我叫王浩，是中文专业的学生，今年上大三。
Wáng Hào:　Wǒ jiào Wáng Hào, shì Zhōngwén zhuānyè de xuésheng, jīnnián shàng dà sān.

杰克：　认识你很高兴。
Jiékè:　Rènshi nǐ hěn gāoxìng.

王浩：　我也是。
Wáng Hào:　Wǒ yě shì.

杰克：　你在学英语吗？
Jiékè:　Nǐ zài xué Yīngyǔ ma?

王浩：　是啊，我正在读课文。我有几个问题，
Wáng Hào:　Shì ā, wǒ zhèngzài dú kèwén. Wǒ yǒu jǐ ge wèntí,

　　　　　可以请教你吗？
　　　　　kěyǐ qǐngjiào nǐ ma?

杰克：　当然可以。
Jiékè:　Dāngrán kěyǐ.

① Here "吧" indicates interrogation with the meaning of conjunction.

1

Jack: Hello!
Wang Hao: Hello!
Jack: May I sit here?
Wang Hao: Sure. Are you a foreign student at our college?
Jack: Yeah. I'm from America, and my name is Jack. And you?
Wang Hao: I'm Wang Hao, a junior student majoring in Chinese.
Jack: Glad to meet you.
Wang Hao: Me too.
Jack: Are you studying English?
Wang Hao: Yeah. I'm reading this text, but I have several questions about it. May I ask you?
Jack: Sure.

○ 根据情景1回答问题。 **Answer the questions according to Scene 1.**

(1) 杰克是哪国人？
Jiékè shì nǎ guó rén?

(2) 他是英语老师吗？
Tā shì Yīngyǔ lǎoshī ma?

(3) 王浩是哪个专业的学生？
Wáng Hào shì nǎge zhuānyè de xuésheng?

(4) 他今年几年级？
Tā jīnnián jǐ niánjí?

(5) 他正在干什么？
Tā zhèngzài gàn shénme?

○ 画线连接，组成对话。**Draw lines to complete the dialogs.**

(1) 你是哪国人？
Nǐ shì nǎ guó rén?

(2) 你学什么专业？
Nǐ xué shénme zhuānyè?

(3) 你在学英语吗？
Nǐ zài xué Yīngyǔ ma?

(4) 我可以坐这儿吗？
Wǒ kěyǐ zuò zhèr ma?

a 是啊。
Shì ā.

b 当然可以。
Dāngrán kěyǐ.

c 我是美国人。
Wǒ shì Měiguórén.

d 中文专业。
Zhōngwén zhuānyè.

给老师的提示：练习完成后，您还可以让几组学生说一遍新组成的小对话。

王 浩 Wáng Hào: 李静，去吃饭啊②？
Lǐ Jìng, qù chī fàn ā?

李 静 Lǐ Jìng: 是啊。你干什么呢③？
Shì ā. Nǐ gàn shénme ne?

王 浩 Wáng Hào: 在聊天儿呢，我刚认识了④一个新朋友。来，我给你们
Zài liáo tiānr ne, wǒ gāng rènshi le yí ge xīn péngyou. Lái, wǒ gěi nǐmen
介绍一下吧。
jièshào yíxià ba.

李 静 Lǐ Jìng: 好啊。
Hǎo ā.

王 浩 Wáng Hào: 杰克，这是我的朋友李静，她是学经济的⑤。
Jiékè, zhè shì wǒ de péngyou Lǐ Jìng, tā shì xué jīngjì de.

杰 克 Jiékè: 你好！我是美国留学生杰克。我的专业也是经济。
Nǐ hǎo! Wǒ shì Měiguó liúxuéshēng Jiékè. Wǒ de zhuānyè yě shì jīngjì.

李 静 Lǐ Jìng: 很高兴认识你，杰克。你汉语说得真好！
Hěn gāoxìng rènshi nǐ, Jiékè. Nǐ Hànyǔ shuō de zhēn hǎo!

杰 克 Jiékè: 哪里哪里⑥。
Nǎlǐ nǎlǐ.

2

5

② This is a kind of greeting between acquaintances. The speaker usually chooses questions according to the behavior of the other side and the time that the behavior happens. E.g. 出去啊？ / 上班去啊？ In fact the speaker doesn't expect how the other side responses, thus the response can be very simple.

③ Here "呢" indicates that an action or the state is maintained. E.g. 我在上课呢。 / 她在看电视呢。

④ In this sentence, "了"is used after a verb to indicate the completion of an action. E.g. 他喝了三瓶啤酒。 / 上午我去了公园。

⑤ The structure of "是……的" indicates emphasis. The emphasized part is between "是" and "的". E.g. 是他告诉我的。 / 我是昨天来的。

⑥ In China the response of "哪里哪里" is usually used by the person being praised to show an attitude of modesty.

Wang Hao:	Li Jing, are you going to eat?
Li Jing:	Yeah, what are you doing?
Wang Hao:	I'm chatting with a new friend I just made. Come here and let me introduce you guys to each other.
Li Jing:	OK.
Wang Hao:	Jack, this is my friend, Li Jing, and she is studying economics.
Jack:	Glad to meet you. I'm Jack from America. I'm studying economics too.
Li Jing:	Glad to meet you. You speak Chinese pretty well.
Jack:	I'm flattered.

● 根据情景2回答问题。 **Answer the questions according to Scene 2.**

(1) 李静是谁？
Lǐ Jìng shì shéi?

(2) 她去干什么？
Tā qù gàn shénme?

(3) 她是学什么的？
Tā shì xué shénme de?

(4) 杰克汉语说得怎么样？
Jiékè Hànyǔ shuō de zěnmeyàng?

● 画线连接，组成对话。 **Draw lines to complete the dialogs.**

(1) 去吃饭啊？
Qù chī fàn ā?

(2) 你干什么呢？
Nǐ gàn shénme ne?

(3) 这位是谁？
Zhè wèi shì shéi?

(4) 她是学什么的？
Tā shì xué shénme de?

(5) 你说得真好！
Nǐ shuō de zhēn hǎo!

a 哪里哪里。
Nǎlǐ nǎlǐ.

b 这是我的朋友李静。
Zhè shì wǒ de péngyou Lǐ Jìng.

c 在聊天儿呢。
Zài liáo tiānr ne.

d 是啊。
Shì ā.

e 她是学经济的。
Tā shì xué jīngjì de.

活动 **A**ctivities

1. 语音练习 Pronunciation

读一读下面的词语，声调相同的画√，声调不同的画╳。Read the following words aloud. Mark √ for the pairs with the same tones and ╳ for those with different tones.

☒朋友	真好	□专业	高兴	□介绍	请教
□美国	可以	□经济	吃饭	□认识	坐这儿

2. 替换练习 Substitution

用表格右侧的词语替换句中画线的部分，说出完整的句子。Use the words on the right side to say several new and complete sentences.

(1) 你是我们学校的留学生吧？ Nǐ shì <u>wǒmen xuéxiào de liúxuéshēng</u> ba?	美国人 Měiguórén	大一的学生 freshman at college dà yī de xuésheng	他的同学 tā de tóngxué
(2) 我今年上大三。 Wǒ jīnnián shàng <u>dà sān</u>.	三年级 sān niánjí	高二 grade 2 in senior high school gāo èr	初三 grade 3 in junior high school chū sān
(3) 你去吃饭啊？ Nǐ qù <u>chī fàn</u> ā?	上课 shàng kè	买东西 mǎi dōngxi	食堂 shí táng
(4) 你们干什么呢？ Nǐmen <u>gàn</u> shénme ne?	看 kàn	说 shuō	讨论 tǎolùn
(5) 她是学经济的。 Tā shì <u>xué jīngjì</u> de.	教英语 jiāo Yīngyǔ	昨天来 zuótiān lái	从英国来 cóng Yīngguó lái
(6) 我正在读课文。 Wǒ zhèngzài <u>dú kèwén</u>.	复习 fùxí	写作业 xiě zuòyè	听录音 record tīng lùyīn
(7) 你汉语 说得真好！ Nǐ <u>Hànyǔ</u> <u>shuō</u> de zhēn hǎo!	英语、说 Yīngyǔ, shuō	汉字、写 Hànzì, xiě	歌、唱 gē, chàng

3. 单人练习 Individual Work

(1) 完成下面的表格。Complete the following table.

Word box			
法语 French Fǎyǔ	日语 Japanese Rìyǔ	德语 German Déyǔ	法律 law fǎlǜ
会计 accounting kuàijì	文学 literature wénxué	音乐 music yīnyuè	美术 fine art měishù

	姓名 Name	国籍 Nationality	年级 Grade	专业 Major	外语 Foreign Language
王浩 Wáng Hào					
杰克 Jiékè					汉语 Hànyǔ
你 Nǐ					
你的好朋友 Nǐ de hǎo péngyou					

(2) **根据表格的内容介绍自己和你的好朋友。Introduce yourself and your good friends according to the content in the table.**

给老师的提示：您可以多找几个学生给大家介绍。

4. 模拟表演 Simulation

两人一组，按卡片上的提示表演对话。Work in pairs and perform the scene according to the tips on the cards.

给老师的提示：
请您设计A、B两组卡片，发给各组每人一张不同的卡片。在卡片上可以写明每个人的不同身份和任务，让学生表演相识或介绍两人认识。比如A卡片上可以写：你正在吃饭，看见一个中国学生。你很想认识他，想想怎么说。B卡片上可以写：你是个中国人，你正在吃饭。一个外国人想认识你，想想你要说什么。身份还可以是两个新邻居、明星和观众、泰国人和法国人等等。

5. 双人活动 Pair Work

和同伴一起给玛丽出出主意。Work with your partner to give advice to Mary.

　　玛丽刚开始学汉语。她想参加学校的中国舞蹈班，可是她担心去办公室报名的时候不会说。请你们帮她想想怎么说。她应该告诉老师她是谁、要参加什么班。

Mary just began to learn Chinese. She wants to participate in a Chinese dance class but she's worried that she can't express what she wants when she's going to the office to enter herself for it. Could you give her advice on how to tell the teacher who she is and what class she is about to attend? Fill in your own information in the table briefly and then make a survey of your classmates.

Word box			
报名 enter oneself for bào míng	参加 cānjiā	舞蹈 dancing wǔdǎo	班 bān

给老师的提示：您可以让学生表演一下玛丽和办公室老师的对话。

6. 成段表达 Expression

模仿下面这段话介绍人物。Follow the example passage and introduce the following characters.

王浩是杰克的新朋友，他是一个大学生，他今年上大三，他的专业是中文。
Wáng Hào shì Jiékè de xīn péngyou, tā shì yí ge dàxuéshēng, tā jīnnián shàng dà sān, tā de zhuānyè shì Zhōngwén.

你可以选择的人物 Choose a character

☐ 你的弟弟　　　☐ 你的妹妹　　　☐ 一个同学　　　☐ 一个刚认识的朋友
　 nǐ de dìdi　　　 nǐ de mèimei　　 yí ge tóngxué　　 yí ge gāng rènshi de péngyou

7. 看图交流 Look and Share Information

两人一组，一个人看图A，一个人看图B。请用汉语对图A和图B进行比较，看看你们的图有什么不一样。Work in pairs. One looks at picture A and the other, picture B. Use Chinese to describe your picture as much as possible, and then compare with your partner's.

● Don't look at each other's pictures during the exercise.

8. 常用语句 Useful Language

您贵姓？
Nín guìxìng?
What's your surname, please?

男朋友 boyfriend
nán péngyou

女朋友 girlfriend
nǔ péngyou

A

写汉字 **C**hinese Characters

zhōng 中

guó 国

nǐ 你

hǎo 好

B

男朋友 boyfriend
nán péngyou

女朋友 girlfriend
nǔ péngyou

你学汉语多长时间了？
Nǐ xué Hànyǔ duō cháng shíjiān le?

How Long Have You Learnt Chinese?

目标 Objectives

1. 复习表示数量、时间和日期的词语 *Review the words about quantity, time and date*
2. 学会表达时间段 *Learn to express a duration of time*
3. 学会了解和介绍日常活动 *Learn to know and introduce daily activities*

给老师的提示：
这一课的活动5需要
您提前复印一些年历，
并准备一些卡片。

复习 Review

一 yī	二 èr	三 sān	四 sì	五 wǔ	六 liù	七 qī	八 bā	九 jiǔ
十 shí	上午 shàngwǔ	中午 zhōngwǔ	下午 xiàwǔ	晚上 wǎnshang	号 hào	月 yuè	点 diǎn	分 fēn

Word box

1. 采访3个同伴并填写调查表。**Interview 3 classmates and fill in the questionnaire.**

● The following sentences may help you finish the interview.

你多大了？
Nǐ duō dà le?

你住多少号房间？
Nǐ zhù duōshao hào fángjiān?

你的生日是几月几号？
Nǐ de shēngrì shì jǐ yuè jǐ hào?

你的电话号码是多少？
Nǐ de diànhuà hàomǎ shì duōshao?

	名字 míngzì	年龄 niánlíng	生日 shēngrì	房间号 fángjiān hào	电话号码 diànhuà hàomǎ
1					
2					
3					

2. 模仿例句说出下列时间。**Follow the example sentences and say the following times.**

E.g. 8：05——上午八点五分　　16：28——下午四点二十八分
　　　　　shàngwǔ bā diǎn wǔ fēn　　　xiàwǔ sì diǎn èrshí bā fēn

| 10：15 | 22：48 | 13：26 | 11：37 | 19：09 |
| 21：13 | 9：30 | 12：20 | 7：10 | 14：46 |

给老师的提示：
您可以让学生利用表格中的内容介绍他们采访的人，练习成段表达。

生词　Ｎew Words

1	周末 weekend zhōumò	2	帮 help bāng	3	简历 resume jiǎnlì
4	号码 number hàomǎ	5	着急 worry zháojí	6	层 floor céng

Proper Name

朱丽 Julie
Zhūlì

◯ 搭配词语。**Use the proper words you've learnt to match the words below.**

帮＿＿＿＿＿＿＿＿＿＿＿＿　　　　＿＿＿＿＿＿＿＿＿＿＿＿号码
bāng　　　　　　　　　　　　　　　　　　　　　　　　hàomǎ

＿＿＿＿＿＿＿＿＿＿＿＿层
　　　　　　　　　céng

句子 Sentences

1. 我们下午一般都去外面参观。 We usually go out for a visit in the afternoon.
   Wǒmen xiàwǔ yìbān dōu qù wàimiàn cānguān.

2. 我有的时候复习汉语， Sometimes I review Chinese,
   Wǒ yǒude shíhou fùxí Hànyǔ, and sometimes I chat with my classmates.
   有的时候跟同学聊天儿。
   yǒude shíhou gēn tóngxué liáo tiānr.

3. 你学汉语多长时间了？ How long have you learnt Chinese?
   Nǐ xué Hànyǔ duō cháng shíjiān le?

4. 我学了一年多了。 I've learnt Chinese for more than one year.
   Wǒ xué le yì nián duō le.

5. 你们要学多长时间？ How long will you learn?
   Nǐmen yào xué duō cháng shíjiān?

6. 我们要学一个月。 We will learn it for a month.
   Wǒmen yào xué yí ge yuè.

7. 我们每天上午9点到 We have Chinese class from
   Wǒmen měi tiān shàngwǔ jiǔ diǎn dào 9 am to 12 am everyday.
   12点都有汉语课。
   shí'èr diǎn dōu yǒu Hànyǔ kè.

8. 我的听力不好。 I'm not good at listening to Chinese.
   Wǒ de tīnglì bù hǎo.

9. 我说得比较慢。 I speak Chinese very slowly.
   Wǒ shuō de bǐjiào màn.

全班活动：每次两个学生，快速读出老师指定的一个句子。速度较快的人赢。全班至少把所有句子练习一遍。Class activity: Have 2 students at the same time read the sentence that the teacher points to. The quicker responder wins. All the sentences should also be read at least once by the whole class.

给老师的提示：活动开始前，需要先让学生了解您的指令，如："第三句——开始!"您不妨找两个口语较好的学生示范一下。

情景 **S**cenes

王 浩：　杰克，你下午有课吗？
Wáng Hào:　Jiékè, nǐ xiàwǔ yǒu kè ma?

杰 克：　没课，我们下午一般都去外面参观。
Jiékè:　Méi kè, wǒmen xiàwǔ yìbān dōu qù wàimiàn cānguān.

王 浩：　那① 晚上你做什么？
Wáng Hào:　Nà wǎnshang nǐ zuò shénme?

杰 克：　我有的时候复习汉语，有的时候跟同学聊天儿。
Jiékè:　Wǒ yǒude shíhou fùxí Hànyǔ, yǒude shíhou gēn tóngxué liáo tiānr.

王 浩：　哦②。那周末呢？
Wáng Hào:　Ò. Nà zhōumò ne?

杰 克：　周末我们一般去远一点儿的地方。怎么，有什么事吗？
Jiékè:　Zhōumò wǒmen yìbān qù yuǎn yìdiǎnr de dìfang. Zěnme, yǒu shénme shì ma?

王 浩：　我想请你帮我看看我的英文简历，有时间吗？
Wáng Hào:　Wǒ xiǎng qǐng nǐ bāng wǒ kànkan wǒ de Yīngwén jiǎnlì, yǒu shíjiān ma?

杰 克：　有时间，晚饭后都可以。
Jiékè:　Yǒu shíjiān, wǎnfàn hòu dōu kěyǐ.

王 浩：　那我写完以后找你吧。
Wáng Hào:　Nà wǒ xiě wán yǐhòu zhǎo nǐ ba.

杰 克：　没问题，你可以给③ 我打电话。我房间的
Jiékè:　Méi wèntí, nǐ kěyǐ gěi wǒ dǎ diànhuà. Wǒ fángjiān de

电话号码是23869534。
diànhuà hàomǎ shì èrsānbāliùjiǔwǔsānsì.

> ① Here "那" has the same meaning as "那么".
> ② "哦" indicates the tone of understanding.
> ③ Here "给" means "to" introducing the object of an action. E.g. 给他写信.

Wang Hao: Jack, will you have class in the afternoon?
　　Jack: No. We usually go out for a visit in the afternoon.
Wang Hao: And what will you do in the evening?
　　Jack: Sometimes I review Chinese, and sometimes I chat with my classmates.
Wang Hao: Oh, and how about the weekends?
　　Jack: We usually go somewhere a little far from here. What's up?
Wang Hao: Could you help me and have a look at my resume? Do you have free time?
　　Jack: Yeah, sure. I'm available after dinner.
Wang Hao: I will go to see you after I finish it.
　　Jack: No problem. You can call me. My room telephone number is 23869534.

● 根据情景1回答问题。 **Answer the questions according to Scene 1.**

(1) 杰克下午一般做什么？
　　Jiékè xiàwǔ yìbān zuò shénme?

(2) 他晚上一般做什么？
　　Tā wǎnshang yìbān zuò shénme?

(3) 他们周末一般做什么？
　　Tāmen zhōumò yìbān zuò shénme?

(4) 杰克什么时候有时间帮王浩？
　　Jiékè shénme shíhou yǒu shíjiān bāng Wáng Hào?

(5) 王浩什么时候找杰克？
　　Wáng Hào shénme shíhou zhǎo Jiékè?

● 有问有答。**Ask and answer.**

Ask	Answer
你下午有课吗？ Nǐ xiàwǔ yǒu kè ma?	
	我有的时候复习汉语,有的时候跟朋友聊天儿。 Wǒ yǒude shíhou fùxí Hànyǔ, yǒude shíhou gēn péngyou liáo tiānr.
周末你们一般做什么？ Zhōumò nǐmen yìbān zuò shénme?	

李 静： 朱丽，你学汉语多长时间了？
Lǐ Jìng: Zhūlì, nǐ xué Hànyǔ duō cháng shíjiān le?

朱 丽： 我学了一年多了④。
Zhūlì: Wǒ xué le yì nián duō le.

李 静： 这次你在中国要学多长时间？
Lǐ Jìng: Zhè cì nǐ zài Zhōngguó yào xué duō cháng shíjiān?

朱 丽： 要学一个月，从7月10号到8月10号。
Zhūlì: Yào xué yí ge yuè, cóng qī yuè shí hào dào bā yuè shí hào.

李 静： 你们每天都上课吗？
Lǐ Jìng: Nǐmen měi tiān dōu shàng kè ma?

朱 丽： 是啊。我们每天上午9点到12点都有汉语课。
Zhūlì: Shì ā. Wǒmen měi tiān shàngwǔ jiǔ diǎn dào shí'èr diǎn dōu yǒu Hànyǔ kè.

李 静： 你觉得难吗？
Lǐ Jìng: Nǐ juéde nán ma?

朱 丽： 我刚来，听力不好。
Zhūlì: Wǒ gāng lái, tīnglì bù hǎo.

李 静： 别着急，过几天就⑤习惯了。
Lǐ Jìng: Bié zháojí, guò jǐ tiān jiù xíguàn le.

朱 丽： 我可以找你聊天儿吗？
Zhūlì: Wǒ kěyǐ zhǎo nǐ liáo tiānr ma?

李 静： 当然可以。我住在7号楼2层238号。
Lǐ Jìng: Dāngrán kěyǐ. Wǒ zhù zài qī hào lóu èr céng èrsānbā hào.

朱 丽： 我住留学生楼3层311号。
Zhūlì: Wǒ zhù liúxuéshēng lóu sān céng sānyāoyāo hào.

④ The first "了" indicates the completion of an action "学"; the second "了" indicates that up to now an action "学" has maintained a period of time and it might continue. E.g. 这本书我看了三天了。/ 他病了一个星期了。

⑤ Here "就" indicates that an action happens or ends early. E.g. 我六点就起床了。/ 他明天就回去。

2

15

Li Jing: Julie, how long have you learnt Chinese?
Julie: For more than one year.
Li Jing: And how long will you stay in China to learn it this time?
Julie: For one month, from July 10th to August 10th.
Li Jing: Do you have class everyday?
Julie: Yeah. We have Chinese class from 9 am to 12 am everyday.
Li Jing: Do you think it is difficult?
Julie: I'm new here, so I'm not good at listening to Chinese and I speak it very slowly.
Li Jing: Don't worry. You will get accustomed to it in a few days.
Julie: May I go to chat with you?
Li Jing: Sure. I live in NO. 238, 2nd floor, the 7th Building.
Julie: I live in NO. 311, 3rd floor, the Foreign Student's Building.

○ 根据情景2补全下面这段话。Complete the following paragraph according to the Scene 2.

朱丽学汉语学了 _____ 了。这次她在中国要学 _____,
Zhūlì xué Hànyǔ xué le   le.   Zhè cì tā zài Zhōngguó yào xué

从 _____ 到 _____。他们每天 _____ 到 _____ 都有
cóng   dào   Tāmen měi tiān   dào   dōu yǒu

汉语课。她刚来中国,听力 _____。
Hànyǔ kè. Tā gāng lái Zhōngguó, tīnglì

给老师的提示:这个练习您也可以直接让学生口头完成。

○ 有问有答。Ask and answer.

Ask	Answer
你学汉语多长时间了? Nǐ xué Hànyǔ duō cháng shíjiān le?	
	我们要学三个星期。 Wǒmen yào xué sān ge xīngqī.
你们每天都上课吗? Nǐmen měi tiān dōu shàng kè ma?	
你汉字写得怎么样? Nǐ Hànzì xiě de zěnmeyàng?	

活动 **A**ctivities

1. 语音练习 Pronunciation

数青蛙。Count frogs.

一只青蛙一张嘴，两只眼睛四条腿。
Yì zhī qīngwā yì zhāng zuǐ, liǎng zhī yǎnjing sì tiáo tuǐ.

两只青蛙两张嘴，四只眼睛八条腿。
Liǎng zhī qīngwā liǎng zhāng zuǐ, sì zhī yǎnjing bā tiáo tuǐ.

青蛙 frog
qīngwā

> 给老师的提示：
> 您可以组织学生比赛，看看学生能准确无误地数到多少只青蛙。

2. 替换练习 Substitution

用表格右侧的词语替换句中画线的部分，说出完整的句子。Use the words on the right side to say several new and complete sentences.

(1) 我们下午一般都去外面参观。 Wǒmen xiàwǔ yìbān dōu qù wàimian cānguān.	没课 méi kè	复习 fùxí	去打球 qù dǎ qiú
(2) 我有的时候复习汉语,有的时候 Wǒ yǒude shíhou fùxí Hànyǔ, yǒude 跟同学聊天儿。 shíhou gēn tóngxué liáo tiānr.	看书、上网 surf the Internet kàn shū, shàng wǎng 跟朋友聊天儿、去商店买东西 gēn péngyou liáo tiānr, qù shāngdiàn mǎi dōngxi		听音乐、游泳 tīng yīnyuè, yóuyǒng
(3) 我学了一年多了。 Wǒ xué le yì nián duō le.	来、一个星期 lái, yí ge xīng qī	看、一天 kàn, yì tiān	走、一个多小时 zǒu, yí ge duō xiǎoshí
(4) 我们要学一个月。 Wǒmen yào xué yí ge yuè.	三个星期 sān ge xīngqī	半年 bàn nián	一年半 yì nián bàn
(5) 我们每天上午9点到12点 Wǒmen měi tiān shàngwǔ jiǔ diǎn 都有汉语课。 dào shí'èr diǎn dōu yǒu Hànyǔ kè.	中午12点到1点半、休息 zhōngwǔ shí'èr diǎn dào yī diǎn bàn, xiūxi	明天8点到10点、 考试 míngtiān bā diǎn dào shí diǎn, kǎoshì	下个星期一到星期三、 在上海 xià ge xīngqī yī dào xīng qī sān, zài Shànghǎi
(6) 我说得比较慢。 Wǒ shuō de bǐjiào màn.	写、快 xiě, kuài	写、好 xiě, hǎo	读、慢 dú, màn

3. 回答问题 Answer Questions

下面是一份汉语夏令营日程安排表的一部分。请仔细看一看，然后回答问题。The following is a part of a Chinese Summer Camp Schedule. Answer the questions after reading it.

Word box				
夏令营 summer camp xiàlìngyíng	日期 date rìqī	活动 activity huódòng	开学 term begins kāi xué	京剧 Peking Opera jīngjù
游览 sightseeing yóulǎn	文化 culture wénhuà	讲座 lecture jiǎngzuò	访问 visit fǎngwèn	

故宫
Gù Gōng
the Imperial Palace

天安门
Tiān'ān Mén
Tian'an Men

长城
Cháng Chéng
the Great Wall

颐和园
Yíhé Yuán
the Summer Palace

汉语夏令营 Chinese Summer Camp
（7.18—8.6）

日期	星期	活动安排 Agenda	
		上午	下午
7月18日	星期日	学生到校。	
7月19日	星期一	9：00-9：30开学 10：40-11：40到中国银行换钱	13：30-16：30汉语课
7月20日	星期二	9：00-12：00汉语课	13：30-15：30学中国武术 18：00-21：00看京剧
7月21日	星期三	9：00-12：00汉语课	13：30-15：30学中国画
7月22日	星期四	9：00-12：00汉语课	13：30-17：00 游览故宫、天安门
7月23日	星期五	9：00-12：00汉语课	13：30-15：00中国文化讲座
7月24日	星期六	游览长城、参观武术学校	

7月25日	星期日	访问中国家庭	
7月26日	星期一	9：00－12：00汉语课	13：30－17：00游览颐和园
7月27日	星期二	9：00－12：00汉语课	13：30－15：30学中国武术
7月28日	星期三	9：00－12：00汉语课	13：30－15：30学中国画

(1) 这个夏令营是从几号到几号？
　　Zhège xiàlìngyíng shì cóng jǐ hào dào jǐ hào?

(2) 他们有哪些活动？
　　Tāmen yǒu nǎxiē huódòng?

(3) 他们什么时候上汉语课？上多长时间？
　　Tāmen shénme shíhou shàng Hànyǔ kè? Shàng duō cháng shíjiān?

(4) 他们什么时候上武术课？上多长时间？
　　Tāmen shénme shíhou shàng wǔshù kè? shàng duō cháng shíjiān?

(5) 7月23号以前他们学习了多长时间？做了什么？
　　Qī yuè èrshísān hào yǐqián tāmen xuéxí le duō cháng shíjiān? Zuò le shénme?

(6) 7月23号以后他们还要学习多长时间？还要做什么？
　　Qī yuè èrshísān hào yǐhòu tāmen hái yào xuéxí duō cháng shíjiān? Hái yào zuò shénme?

● The following patterns may help you.

从……到……
cóng…dào…

有的时候……有的时候……
yǒude shíhou…yǒude shíhou…

4. 双人活动 Pair Work

两人一组，根据你们自己的情况制作活动安排表。请说明学习的起止时间、上课的时间、有什么其他活动等等。
Work in pairs. Make an activity schedule according to your actual arrangement, showing the starting and the ending time of studying, attending classes, other activities, etc.

> 给老师的提示：
> 您可以让学生把本组制作的活动安排表贴在黑板上。大家互相交流，看看哪个安排表内容比较全面。

5. 小组活动 Group Work

三四个人一组。学生A根据卡片提示向学生B、C等了解一下中国学校秋季学期的活动安排，并在日历上圈出下列重要日期。Work in a group of 3 or 4. Student A refers to the following tips and tries to figure out the activities arrangements in the autumn term of a Chinese college from Student B, C and D. Student A should circle the following important dates on the calendar.

> 给老师的提示：
> ①请您在课前准备一张年历（数字间隔最好稍大一点），复印若干份后发给每组的学生A。
> ②请您再准备一套卡片，每套三张。把下列内容打乱顺序，分别写在不同的卡片上：秋季学期开始和结束的时间、开学的时间、国庆节放假的时间、元旦放假的时间、停课考试的时间、放寒假的时间。
> ③把卡片发给每组的学生B、C等。您可以先处理一下词库里的生词再进行活动。

① 学期开始和结束的时间
Xuéqī kāishǐ hé jiéshù de shíjiān

② 开学的时间
Kāixué de shíjiān

③ 国庆节放假的时间
Guóqìngjié fàng jià de shíjiān

④ 元旦放假的时间
Yuándàn fàng jià de shíjiān

⑤ 停课考试的时间
Tíng kè kǎoshì de shíjiān

⑥ 放寒假的时间
Fàng hánjià de shíjiān

● Which group is the quickest in finishing the activity?

Word box		
学期 term xuéqī	结束 finish jiéshù	国庆节 the National Day Guóqìngjié
放假 have a holiday fàng jià	元旦 New Year's Day Yuándàn	寒假 winter holiday hánjià

要求：学生B、C、D一定要用完整的句子告诉A，而且不能给学生A看自己的卡片。
Requirement: Student B, C and D must use complete sentences to tell Student A, and may not show Student A your card.

6. **调查活动 Survey Work**

五六个人一组，调查本组学生学习汉语的情况，并制成调查表交给老师。Work in a group of 5 or 6. Make a survey of your group members' Chinese study. Complete a questionnaire and hand it to your teacher.

调查的内容：姓名、年龄、年级、在哪儿学的汉语、学习了多长时间、觉得自己汉语怎么样（说得怎么样/写得怎么样/读得怎么样）等等。
Contents surveyed: names, ages, grades, places of learning Chinese, durations of learning Chinese, how well do you feel your Chinese (speaking, writing, reading),etc.

Example:

	姓名 xìngmíng	年龄 niánlíng	年级 niánjí	……	……
1					
2					
……					

给老师的提示：
学生初次做此类活动时可能不知如何下手。您可以细分出几个步骤，给他们列出来，然后组织各组同时进行。如：①互相了解情况，并简单记录。②一起设计并完成调查表。③看看有没有需要修改的地方，然后交给老师。

7. 成段表达 Expression

模仿下面这段话说说你们学校每年都有什么活动。Follow the example passage and say what activities are held in your college annually.

我们学校每年都有运动会，5月一次，10月一次。那时候学校里特别热闹。我们还有两次旅游活动，时间一般是4月和11月。我最喜欢这样的活动了。我们有的时候去公园，有的时候参观博物馆。

Wǒmen xuéxiào měi nián dōu yǒu yùndònghuì, wǔ yuè yí cì, shí yuè yí cì. Nà shíhou xuéxiào lǐ tèbié rènao. Wǒmen háiyǒu liǎng cì lǔyóu huódòng, shíjiān yìbān shì sì yuè hé shíyī yuè. Wǒ zuì xǐhuan zhèyàng de huódòng le. Wǒmen yǒude shíhou qù gōngyuán, yǒude shíhou cānguān bówùguǎn.

给老师的提示：您也可以把这个练习作为家庭作业留给学生，下一次上课时检查。

Word box

旅游 travel
lǔyóu

博物馆 museum
bówùguǎn

8. 看图交流 Look and Share Information

两人一组，一个人看图A，一个人看图B。请用汉语对图A和图B进行比较，看看你们的图有什么不一样。Work in pairs. One looks at picture A and the other, picture B. Use Chinese to describe your picture as much as possible, and then compare with your partner's.

● Don't look at each other's pictures during the exercise.

手机 cell phone shǒujī

9. 常用语句 Useful Language

对不起，请再说一遍。
Duìbuqǐ, qǐng zài shuō yí biàn.
Sorry, I beg your pardon.

21

写汉字  Chinese Characters

xué

xí

hàn

yǔ

手机 cell phone
shǒujī

能便宜点儿吗？
Néng piányi diǎnr ma?

Can You Make It a Little Cheaper?

目标 Objectives

1. 复习量词及一般商品的名称 Review some measure words and names of daily commodities
2. 学会问价钱 Learn to ask for a price
3. 学会讨价还价 Learn to bargain
4. 学习说明商品的基本特点 Learn to explain the basic characteristics of commodities

复习 Review

● 画线连接。Draw lines to match.

个	瓶	件	斤	双	种
gè	píng	jiàn	jīn	shuāng	zhǒng

矿泉水　　面包　西瓜　啤酒　　苹果　桔子　衣服　鞋　衬衣　杯子
kuàngquánshuǐ　miànbāo　xīguā　píjiǔ　píngguǒ　júzi　yīfu　xié　chènyī　bēizi

● Some measure words can match several nouns at the same time.

给老师的提示：
在进行活动之前，您可以先让学生读读这些词语，回忆一下它们的意思。

生词 New Words

1	师傅 Sir (a respectful form of address for a skilled worker) shīfu	2	摊主 stand owner tānzhǔ	3	按 by àn
4	葡萄 grape pútáo	5	味道 taste wèidào	6	串 cluster chuàn
7	T恤衫 T-shirt T-xù shān	8	号 size hào	9	质量 quality zhìliàng
10	图案 pattern tú'àn				

Proper Name	长城 the Great Wall Cháng Chéng	

● 搭配词语。Use the proper words you've learnt to match the words below.

_____ 号   质量_____
                          hào   zhìliàng

_____ 图案
                          tú'àn

句子 Sentences

1. 西瓜多少钱一个？ How much does a watermelon cost?
   Xīguā duōshao qián yí ge?

2. 为什么小的比大的贵？ Why are the small ones more expensive than the big ones?
   Wèi shénme xiǎo de bǐ dà de guì?

3. 能便宜点儿吗？ Could you make it a little cheaper?
   Néng piányi diǎnr ma?

4. 再便宜一点儿吧。 Could you lower the price further?
   Zài piányi yìdiǎnr ba.

5. 一块六怎么样？ How about 1.6 kuai?

Yí kuài liù zěnmeyàng?

6. 这件T恤衫我穿有点儿小。 This T-shirt is a bit small on me.

Zhè jiàn T-xù shān wǒ chuān yǒudiǎnr xiǎo.

7. 我想换一件大的。 Could you give me a larger one?

Wǒ xiǎng huàn yí jiàn dà de.

8. 请拿给我看看。 Please give it to me so I can have a look.

Qǐng ná gěi wǒ kànkan.

9. 我不喜欢别的颜色。 I don't like any other colors.

Wǒ bù xǐhuan bié de yánsè.

10. 我想试试这种带长城图案的。

Wǒ xiǎng shìshi zhè zhǒng dài Cháng Chéng tú'àn de.

I'd like to try this one with the Great Wall pattern.

○ 他们可能说了什么？ **What might they say?**

● Use the sentences you just learnt.

不能再便宜了。
Bù néng zài piányi le.

①

西瓜一块三一斤。
Xīguā yí kuài sān yì jīn.

②

换一件大的吧。
Huàn yí jiàn dà de ba.

③

好。
Hǎo.

④

情景 **S**cenes

朱　丽： 师傅，西瓜多少钱一个？
Zhūlì:　Shīfu, xīguā duōshao qián yí ge?

摊　主： 西瓜不按个儿卖，按斤卖。一块三一斤。
Tānzhǔ:　Xīguā bú àn gèr mài, àn jīn mài. Yí kuài sān yì jīn.

朱　丽： 葡萄呢？
Zhūlì:　Pútáo ne?

摊　主： 这种小的两块一斤，那①种大的一块五一斤。
Tānzhǔ:　Zhè zhǒng xiǎo de liǎng kuài yì jīn, nà zhǒng dà de yí kuài wǔ yì jīn.

朱　丽： 为什么小的比大的贵？
Zhūlì:　Wèi shénme xiǎo de bǐ dà de guì?

摊　主： 小的味道更好。您来点儿什么？
Tānzhǔ:　Xiǎo de wèidào gèng hǎo. Nín lái diǎnr shénme?

朱　丽： 我要一些葡萄。
Zhūlì:　Wǒ yào yìxiē pútáo.

摊　主： 要大的还是小的？
Tānzhǔ:　Yào dà de háishi xiǎo de?

朱　丽： 小的。能便宜点儿吗？
Zhūlì:　Xiǎo de. Néng piányi diǎnr ma?

摊　主： 好吧，那就一块八一斤。
Tānzhǔ:　Hǎo ba, nà jiù yí kuài bā yì jīn.

朱　丽： 再②便宜一点儿吧，一块六怎么样③？
Zhūlì:　Zài piányi yìdiǎnr ba, yí kuài liù zěnmeyàng?

摊　主： 不行，便宜不了④了。
Tānzhǔ:　Bù xíng, piányi bù liǎo le.

朱　丽： 那我要这几串吧。
Zhūlì:　Nà wǒ yào zhè jǐ chuàn ba.

摊　主： 好。一共五块二。
Tānzhǔ:　Hǎo. Yígòng wǔ kuài èr.

① In spoken Chinese, "那" is often read as "nèi" and "这" as "zhèi".
② Here "再" indicates a comparative degree and means "much more". E.g. 再努力一点儿, 再高一点儿.
③ Here "怎么样" indicates the tone of soliciting advice, equal to "行不行" or "好不好". E.g. 我们现在去，怎么样？/ 我给你10块钱，怎么样？
④ The structure of "verb/adjective + 不了" indicates that an action or a state is impossible to accomplish. E.g. 我今天去不了。/ 没有笔，我写不了。/ 这件衣服一个小时干(gān)不了。

1

Julie:	Sir, how much does a watermelon cost?
Stand owner:	Watermelons are not sold by unit, but by Jin. 1.3 kuai per Jin.
Julie:	How about the grapes?
Stand owner:	2 kuai per Jin for the small ones, and 1.5 kuai for the big ones.
Julie:	Why are the small ones more expensive than the big ones?
Stand owner:	Because the small ones taste better. What would you like?
Julie:	I want some grapes.
Stand owner:	The big ones or the small ones?
Julie:	The small ones. Could you make it a little cheaper?
Stand owner:	All right. 1.8 kuai per Jin.
Julie:	Could you lower the price further? How about 1.6 kuai?
Stand owner:	No, it can't be cheaper.
Julie:	I'd like several clusters of grapes.
Stand owner:	OK. 5.2 kuai altogether.

● 根据情景1判断正误。对的画✓，错的画✗。 **Make judgments according to Scene 1. Mark ✓ for true and ✗ for false.**

□ (1) 西瓜一块三一个。
Xīguā yí kuài sān yí ge.

□ (2) 大葡萄比小葡萄贵。
Dà pútáo bǐ xiǎo pútáo guì.

□ (3) 小葡萄味道比大葡萄好。
Xiǎo pútáo wèidào bǐ dà pútáo hǎo.

□ (4) 朱丽买了一块六一斤的葡萄。
Zhūlì mǎi le yí kuài liù yì jīn de pútáo.

● 画线连接，组成对话。 **Draw lines to complete the dialogs.**

(1) 葡萄怎么卖的？
Pútáo zěnme mài de?

a 小的味道好。
Xiǎo de wèidào hǎo.

(2) 为什么小的比大的贵？
Wèi shénme xiǎo de bǐ dà de guì?

b 就要小的吧。
Jiù yào xiǎo de ba.

(3) 你要大的还是小的？
Nǐ yào dà de háishi xiǎo de?

c 好吧，那就一块八一斤。
Hǎo ba, nà jiù yí kuài bā yì jīn.

(4) 能便宜点儿吗？
Néng piányi diǎnr ma?

d 小的两块，大的一块五。
Xiǎo de liǎng kuài, dà de yí kuài wǔ.

杰 克： 师傅，这件T恤衫我穿着有点儿小，我想换一件大的。
Jiékè: Shīfu, zhè jiàn T-xù shān wǒ chuān zhe yǒudiǎnr xiǎo, wǒ xiǎng huàn yí jiàn dà de.

摊 主： 白色的没有大号的了。别的颜色行吗？
Tānzhǔ: Báisè de méiyǒu dà hào de le. Bié de yánsè xíng ma?

杰 克： 我不喜欢别的颜色。
Jiékè: Wǒ bù xǐhuan bié de yánsè.

摊 主： 你看那种样子你喜欢吗？那种有白色的。
Tānzhǔ: Nǐ kàn nà zhǒng yàngzi nǐ xǐhuan ma? Nà zhǒng yǒu báisè de.

杰 克： 请拿给我看看⑤。
Jiékè: Qǐng ná gěi wǒ kànkan.

摊 主： 给。这种虽然贵一点儿，但是质量特别好。
Tānzhǔ: Gěi. Zhè zhǒng suīrán guì yìdiǎnr, dànshì zhìliàng tèbié hǎo.

杰 克： 多少钱一件？
Jiékè: Duōshao qián yí jiàn?

摊 主： 八十一件。
Tānzhǔ: Bāshí yí jiàn.

杰 克： 太贵了，我不要。还有五十五一件的吗？
Jiékè: Tài guì le, wǒ bú yào. Hái yǒu wǔshíwǔ yí jiàn de ma?

摊 主： 有，这边几种都是五十五元一件。
Tānzhǔ: Yǒu, zhè biān jǐ zhǒng dōu shì wǔshíwǔ yuán yí jiàn.

⑤ "看看" means "have a look". It is a kind of reduplication of verbs. This form indicates that an action is short and simple, and also suggests the meaning of having a try in a casual way. E.g. 你尝尝。/ 我想试试这件衣服。

杰 克: 我想试试这种带长城图案的。
Jiékè: Wǒ xiǎng shìshi zhè zhǒng dài Cháng Chéng tú'àn de.

摊 主: 这种也有白色的。你试试最大号的吧。
Tānzhǔ: Zhè zhǒng yě yǒu báisè de. Nǐ shìshi zuì dà hào de ba.

杰 克: 好。
Jiékè: Hǎo.

Jack:	Sir, this T-shirt is a bit small on me, and could you give me a larger one?
Stand owner:	There isn't a larger size for the white ones any more, how about another color?
Jack:	I don't like any other colors.
Stand owner:	Do you like that style? It has white color.
Jack:	Please give it to me so I can have a look.
Stand owner:	Here you are. Although it is more expensive, it has very good quality.
Jack:	How much is it?
Stand owner:	80 yuan for a piece.
Jack:	That is too expensive. I don't want it. Is there anything else that costs 55 yuan?
Stand owner:	Yeah. These all cost 55 yuan for one piece.
Jack:	I'd like to try this one with the Great Wall pattern.
Stand owner:	All right. It has the white color. You'd better try the largest size.
Jack:	OK.

● 根据情景2回答问题。 Answer the questions according to Scene 2.

(1) 杰克想换什么?
Jiékè xiǎng huàn shénme?

(2) 他喜欢什么颜色?
Tā xǐhuan shénme yánsè?

(3) 他想买多少钱的衣服?
Tā xiǎng mǎi duōshao qián de yīfu?

(4) 他穿多大号的衣服?
Tā chuān duō dà hào de yīfu?

● 有问有答。Ask and answer.

Ask	Answer
	白色的没有大号的了。 Báisè de méiyǒu dà hào de le.
别的颜色行吗? Bié de yánsè xíng ma?	
你要什么号的? Nǐ yào shénme hào de?	
	有，这些都是五十五元一件的。 Yǒu, zhèxiē dōu shì wǔshíwǔ yuán yí jiàn de.

活动 Activities

1. 语音练习 Pronunciation

看看下面商品的价钱，说说"1"和"2"怎么发音。Look at the following prices and say how to pronounce "1"and "2".

面包2.50元
miànbāo 2.50 yuán

啤酒3.20元
píjiǔ 3.20 yuán

冰激凌(ice-cream)6.10元
bīngjīlíng 6.10 yuán

矿泉水1.80元
kuàngquánshuǐ 1.80 yuán

书21.00元
shū 21.00 yuán

衬衫282.00元
chènshān 282.00 yuán

裤子198.00元
kùzi 198.00 yuán

2. 替换练习 Substitution

用表格右侧的词语替换句中画线的部分，说出完整的句子。Use the words on the right side to say several new and complete sentences.

(1) 西瓜多少钱一个? Xīguā duōshao qián yí ge?	裤子、条 kùzi, tiáo	啤酒、瓶 píjiǔ, píng	冰激凌、个 bīngjīlíng, gè
(2) 为什么小的比大的贵? Wèi shénme xiǎo de bǐ dà de guì?	这个、那个 zhège, nàge	这件、那件 zhè jiàn, nà jiàn	这种苹果、那种苹果 zhè zhǒng píngguǒ, nà zhǒng píngguǒ
(3) 这件T恤衫我穿有点儿小。 Zhè jiàn T-xù shān wǒ chuān yǒudiǎnr xiǎo.	这件衣服、大 zhè jiàn yīfu, dà	这条裤子、瘦 tight zhè tiáo kùzi, shòu	这条裙子、肥 loose zhè tiáo qúnzi, féi
(4) 我想换一件大的。 Wǒ xiǎng huàn yí jiàn dà de.	瘦一点儿 shòu yìdiǎnr	红 hóng	黑 black hēi
(5) 我不喜欢别的颜色。 Wǒ bù xǐhuan bié de yánsè.	黑的 hēi de	这种图案 zhè zhǒng tú'àn	这种样子 zhè zhǒng yàngzi
(6) 我想试试这种带长城图案的。 Wǒ xiǎng shìshi zhè zhǒng dài Cháng Chéng tú'àn de.	别的 bié de	这条裤子 zhè tiáo kùzi	那件T恤 nà jiàn T-xù
(7) 这种虽然贵一点儿，但是质量特别好。 Zhè zhǒng suīrán guì yìdiǎnr, dànshì zhìliàng tèbié hǎo.	便宜、质量不好 piányi, zhìliàng bù hǎo	漂亮、太贵了 piàoliang, tài guì le	合适 suitable、我不喜欢这个颜色 héshì, wǒ bù xǐhuan zhège yánsè

3. 看图学词语 Look and Learn Words

(1) 从小词库里选择词语写在相应的物品下边。Choose proper words from the word box and write them under the related pictures.

Word box

洗发水 shampoo xǐ fà shuǐ	卫生纸 toilet paper wèishēngzhǐ	香皂 soap xiāngzào	毛巾 towel máojīn
项链 necklace xiàngliàn	包 bag bāo	长袖 long-sleeve cháng xiù	短袖 short-sleeve duǎn xiù

(2) 画线连接。Draw lines to match.

1  2  3  4

香蕉 banana xiāngjiāo	梨 pear lí	桃 peach táo	草莓 strawberry cǎoméi
菠萝 pineapple bōluó	橙子 orange chéngzi	哈密瓜 cantaloup hāmìguā	

5 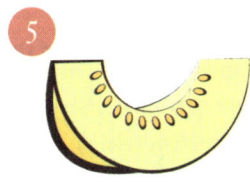 6  7

4. 双人活动 Pair Work

从海报上找出3种比你们国家便宜很多或贵很多的商品，说说你们找到的商品是什么，便宜多少或贵多少。Find 3 items from the poster that is cheaper or more expensive than those in your country. Present to the class what you find and how much cheaper or more expensive they are.

Word box		
香肠 sausage xiāngcháng	沙拉酱 salad dressing shālā jiàng	果汁 juice guǒzhī
葡萄酒 grape wine pútáo jiǔ	袋 pack (measure word) dài	

5. 小组活动 Group Work

三人一组，为聚会准备购物单。Work in a group of 3. Write a shopping list for the party.

假设今晚你们想搞一个聚会。根据人数讨论一下要买什么东西，买多少，要花多少钱，每人应该交多少钱，最后一起列出一份购物单。Suppose that you will hold a party tonight. According to the number of people participating, discuss what and how many things you will buy, how much you will spend and how much each person will pay. Finally make a shopping list.

● If there are any characters that you can't write, you may write them in *Pinyin*.

给老师的提示：
您可以组织各组向全班报告，并把学生提到的某些商品名称写在黑板上，以便进行活动6时提醒扮演摊主的人准备这些商品。

6. 模拟表演 Simulation

在市场购物。Shop in a market.

主要角色：（1）顾客：活动5中拿购物单买东西的一两个组。一个买衣服的人；一个买生活用品的人。（2）摊主：卖水果的人；卖饮料、食品的人；卖衣服的人；卖生活用品的人。Main characters: (1) Customers: 1 or 2 groups in Activity 5 will take the shopping list to a shop, and within the two groups, one group buys clothes and the other daily articles. (2) Sellers: sellers who sell fruits, drinks, foods, clothes, and daily articles respectively.

● Please prepare some "money". Buyers consider how to bargain. You could invent challenges to the sellers on purpose. E.g. Ask for a special color or style, or ask for a refund after purchasing, etc. Meanwhile the sellers prepare the items being sold and their prices. Drinks and food can't be bargained.

给老师的提示：
您可以和学生一起准备一些道具，如商品实物或图片等。

7. 成段表达 Expression

模仿下面这段话说说自己最近购物的情况。Follow the example passage and talk about your latest shopping.

这个星期天气太热，我每天都买冰激凌。中国的冰激凌不太甜，也很便宜。我买的那种是三块钱一个。

Zhège xīngqī tiānqì tài rè, wǒ měi tiān dōu mǎi bīngjīlíng. Zhōngguó de bīngjīlíng bú tài tián, yě hěn piányi. Wǒ mǎi de nà zhǒng shì sān kuài qián yí ge.

8. 看图交流 Look and Share Information

两人一组，一个人看图A，一个人看图B。请用汉语对图A和图B进行比较，看看你们的图有什么不一样。Work in pairs. One looks at picture A and the other, picture B. Use Chinese to describe your picture as much as possible, and then compare with your partner's.

● Don't look at each other's pictures during the exercise.

毛衣 sweater
máoyī

衬衣
chènyī

售货员 shop assistant
shòuhuòyuán

9. 常用语句 Useful Language

对不起，我没零钱。
Duìbuqǐ, wǒ méi língqián.
Sorry, I have no change.

出口

毛衣 sweater　衬衣　售货员 shop assistant
máoyī　chènyī　shòuhuòyuán

B

写汉字 Chinese Characters

cháng
长

chéng
城

mǎi
买

mài
卖

点 菜
Diǎn cài

Ordering Food

目标 **O**bjectives

1　复习与饮食相关的词语 *Review the words about food and drink*
2　学会在饭馆点菜 *Learn to order food at a restaurant*
3　学习提出饮食方面的特殊要求 *Learn to make special food and drink requests*
4　学习了解和评价菜的味道 *Learn to give opinions about foods*

给老师的提示：
这一课的活动6需要您提前准备一些卡片。

复习 **R**eview

给老师的提示：
在进行活动之前，您可以先让学生读读这些词语，回忆一下它们的意思。

Word box	菜 cài	饺子 jiǎozi	米饭 mǐfàn	面条 miàntiáo	面包 miànbāo	啤酒 píjiǔ	茶 chá	咖啡 kāfēi
	矿泉水 kuàngquánshuǐ	牛奶 niú nǎi	水果 shuǐguǒ	汤 tāng	食堂 shítáng	饭馆儿 fànguǎnr	宿舍 sùshè	路上 lùshang

◉ 根据表格中的提示，说一说在中国你经常吃什么？**Refer to the following table and say what you usually eat in China.**

	早饭 zǎofàn	午饭 wǔfàn	晚饭 wǎnfàn
在哪儿吃 zài nǎr chī			
吃什么 chī shénme			
喝什么 hē shénme			

生词 New Words

1 服务员 waiter/waitress fúwùyuán	2 菜单 menu càidān	3 肉 meat ròu
4 丸子 a round mass of wánzi food, ball	5 辣 spicy là	6 蔬菜 vegetable shūcài
7 照片儿 photo zhàopiānr	8 主食 staple food zhǔshí	9 碗 bowl wǎn
10 放 put fàng	11 盐 salt yán	12 味精 monosodium glutamate wèijīng
13 稍等 wait a minute shāo děng	14 勺子 spoon sháozi	15 餐巾纸 napkin cānjīnzhǐ
16 尝 taste cháng	17 咸 salty xián	18 加 add jiā
19 汤 soup tāng	20 推荐 recommend tuījiàn	21 小吃 snack xiǎo chī
22 建议 suggest jiànyì	23 主要 main zhǔyào	24 酸 sour suān

Names of Dishes

1 红烧狮子头 stewed meatballs hóngshāo shīzitóu with brown sauce	2 清炒西蓝花 sautée broccoli qīngchǎo xīlánhuā	3 馄饨 wonton húntun
4 羊肉串 lamb kebab yángròuchuàn	5 酸辣粉 sour and hot suānlàfěn rice noodles	6 粉条 rice noodle fěntiáo
7 青菜 vegetables qīngcài	8 黄豆 soybean huángdòu	

◯ 搭配词语。Use the proper words you've learnt to match the words below.

吃_____
chī

放_____
fàng

加_____
jiā

推荐_____
tuījiàn

味道_____
wèidào

句子 **S**entences

1. 有什么蔬菜？ (Is there) any vegetarian food?
   Yǒu shénme shūcài?

2. 再来一个清炒西蓝花。 And I want a sautée broccoli.
   Zài lái yí ge qīngchǎo xīlánhuā.

3. 请少放一点儿盐。 Please put less salt in the dishes.
   Qǐng shǎo fàng yìdiǎnr yán.

4. 不要放味精。 Don't add monosodium glutamate.
   Bú yào fàng wèijīng.

5. 请给我一个勺子。 Could you give me a spoon?
   Qǐng gěi wǒ yí ge sháozi.

6. （馄饨）里面是什么？ What kind of fillings is in a wonton?
   (Húntun) lǐmiàn shì shénme?

7. 有的是肉，有的是菜。 Some are filled with meat and some with vegetables.
   Yǒude shì ròu, yǒude shì cài.

8. 看起来不错。 It looks nice.
   Kàn qǐ lái búcuò.

9. 我觉得太咸了！ It tastes too salty for me!
   Wǒ juéde tài xián le!

10. (这个菜)是用什么做的？ What does this dish contain?
    (Zhège cài) shì yòng shénme zuò de?

11. 味道又酸又辣。 It tastes sour and hot.
    Wèidào yòu suān yòu là.

● 他们可能说了什么？ **What might they say?**

● Use the sentences you just learnt.

有的是肉，有的是菜。
Yǒude shì ròu, yǒude shì cài.

主要是粉条。
Zhǔyào shì fěntiáo.

①

②

您还要什么？
Nín hái yào shénme?

好的。
Hǎo de.

③

④

情景 **S**cenes

(Jack is ordering food at a restaurant.)

服务员： 您好。您几位？
Fúwùyuán: Nín hǎo. Nín jǐ wèi?

杰 克： 一位。
Jiékè: Yí wèi.

服务员： 请坐这儿吧。这是菜单，您想吃点儿什么？
Fúwùyuán: Qǐng zuò zhèr ba. Zhè shì càidān, nín xiǎng chī diǎnr shénme?

(Jack is looking at the menu.)

杰 克： "红烧狮子头"是什么？
Jiékè: "Hóngshāo shīzitóu" shì shénme?

服务员： 就是很大的肉丸子，六块钱一个，味道很好。
Fúwùyuán: Jiùshì hěn dà de ròu wánzi, liù kuài qián yí ge, wèidào hěn hǎo.

杰 克： Jiékè:	辣吗？ Là ma?
服务员： Fúwùyuán:	不辣。 Bú là.
杰 克： Jiékè:	那我要一个吧。有什么蔬菜？ Nà wǒ yào yí ge ba. Yǒu shénme shūcài?
服务员： Fúwùyuán:	菜单上有照片儿，您可以先看一看①。 Càidān shàng yǒu zhàopiānr, nín kěyǐ xiān kàn yi kàn.
杰 克： Jiékè:	再来一个清炒西蓝花。 Zài lái yí ge qīngchǎo xīlánhuā.
服务员： Fúwùyuán:	好的。要什么主食？ Hǎo de. Yào shénme zhǔshí?
杰 克： Jiékè:	来一碗米饭。 Lái yì wǎn mǐfàn.
服务员： Fúwùyuán:	还要别的吗？ Hái yào bié de ma?
杰 克： Jiékè:	不要了。请少放一点儿盐，不要放味精。 Bú yào le. Qǐng shǎo fàng yì diǎnr yán, bú yào fàng wèijīng.
服务员： Fúwùyuán:	好，请稍等。 Hǎo, qǐng shāo děng.

> ① "看一看" means *have a look*. "verb + 一 + verb" indicates that an action is in progress temporally. "看一看" is more formal than "看看". E.g. 请你说一说。/ 你尝一尝吧。

1

(The waitress is about to leave.)

杰 克： Jiékè:	等一等，服务员，请给我一个勺子，再拿几张餐巾纸。 Děng yi děng, fúwùyuán, qǐng gěi wǒ yí ge sháozi, zài ná jǐ zhāng cānjīnzhǐ.
服务员： Fúwùyuán:	好的。 Hǎo de.

Waitress:	Hello! How many people?
Jack:	Just one.
Waitress:	Please have a seat here. This is the menu. What would you like to order?
Jack:	What does it mean by "hongshao shizitou"?
Waitress:	It is actually a big meatball, and costs 6 kuai for one. It tastes really good.
Jack:	Is it spicy?
Waitress:	No, not at all.
Jack:	I want one. Any vegetarian food?
Waitress:	There are some vegetarian foods' photos, please have a look.
Jack:	And I want a sautée broccoli.
Waitress:	OK. What staple food would you like?
Jack:	Please give me a bowl of rice.
Waitress:	Anything else?
Jack:	No more. Please put less salt and no monosodium glutamate in the dishes.
Waitress:	OK. Please wait a moment.
Jack:	Oh, wait. Could you give me a spoon and some napkins?
Waitress:	Of course.

● 根据情景1回答问题。**Answer the questions according to Scene 1.**

(1) "红烧狮子头"是什么？
"Hóngshāo shīzitóu" shì shénme?

(2) 杰克要了什么？
Jiékè yào le shénme?

(3) 他不喜欢什么？
Tā bù xǐhuan shénme?

(4) 他想让服务员拿什么？
Tā xiǎng ràng fúwùyuán ná shénme?

● 有问有答。**Ask and answer.**

Ask	Answer
您想吃点儿什么？ Nín xiǎng chī diǎnr shénme?	
	不辣。 Bú là.
味道怎么样？ Wèidào zěnmeyàng?	
	再来一个清炒西蓝花。 Zài lái yí ge qīngchǎo xīlánhuā.
要什么主食？ Yào shénme zhǔshí?	
还要别的吗？ Hái yào bié de ma?	

(**Wang Hao is leading Jack and Julie to the night market and they are eating snacks.**)

杰 克： 我饿了，咱们吃点儿什么呢？
Jiékè: Wǒ è le, zánmen chī diǎnr shénme ne?

王 浩： 尝尝馄饨吧。
Wáng Hào: Chángchang húntun ba.

朱 丽： 馄饨？有点儿像饺子。里面是什么？
Zhūlì: Húntun? Yǒudiǎnr xiàng jiǎozi. Lǐmiàn shì shénme?

王 浩： 有的是肉，有的是菜。
Wáng Hào: Yǒude shì ròu, yǒude shì cài.

杰 克： 看起来②不错。
Jiékè: Kàn qǐ lái búcuò.

(**Jack is saying as eating.**)

杰 克： 真好吃！真想再要一碗。
Jiékè: Zhēn hǎo chī! Zhēn xiǎng zài yào yì wǎn.

朱 丽： 我觉得太咸了！师傅，可以给③我加一点儿汤吗？
Zhūlì: Wǒ juéde tài xián le! Shīfu, kěyǐ gěi wǒ jiā yìdiǎnr tāng ma?

② "看起来" means *seem*, *look as if*. It suggests the estimate to the objective thing. E.g. 看起来要下雨。/ 他看起来很累。

③ Here "给" means *for (sb.)*. It introduces the object served by an action. E.g. 给她买衣服，给他当翻译。

师 傅： shīfu:	可以。 Kěyǐ.
杰 克： Jiékè:	王浩，你再给我们推荐几种小吃吧。 Wáng Hào, nǐ zài gěi wǒmen tuījiàn jǐ zhǒng xiǎochī ba.
王 浩： Wáng Hào:	那我建议你们尝尝羊肉串，味道特别好。 Nà wǒ jiànyì nǐmen chángchang yángròuchuàn, wèidào tèbié hǎo.
杰 克： Jiékè:	好。还有什么好吃的？ Hǎo. Hái yǒu shénme hǎo chī de?
王 浩： Wáng Hào:	酸辣粉也不错。 Suānlàfěn yě búcuò.
朱 丽： Zhūlì:	酸辣粉是用什么做的？是什么味道？ Suānlàfěn shì yòng shénme zuò de? Shì shénme wèidào?
王 浩： Wáng Hào:	主要是粉条，还有青菜、黄豆什么的，味道又酸又辣④。 Zhǔyào shì fěntiáo, hái yǒu qīngcài、 huángdòu shénmede, wèidào yòu suān yòu là.
朱 丽： Zhūlì:	辣的？那我不要了。 Là de? Nà wǒ bú yào le.

2

④　"又……又……" means *both… and…*. It is inserted before verbs, adjectives or phrases to indicate the simultaneous existence of several actions, characteristics, or conditions. E.g. 苹果又大又红。/ 他又会英语又会汉语。

Jack:	I'm so hungry. What shall we eat?
Wang Hao:	Let's try the wontons.
Julie:	Wonton? It looks like dumplings, what kind of fillings are in it?
Wang Hao:	Some are filled with meat and some with vegetables.
Jack:	It looks nice.
Jack:	So delicious. I want to eat one more bowl.
Julie:	It tastes too salty for me. Man, could you add more soup for me?
Man:	All right.
Jack:	Wang Hao, could you recommend some other snacks?
Wang Hao:	I suggest you taste lamb kebabs, they are really good.
Jack:	Anything else tasty?
Wang Hao:	Sour and hot rice noodles are not bad.
Julie:	What does it contain? How is it?
Wang Hao:	It has rice noodles, vegetables, soybeans and the like. It tastes sour and hot.
Julie:	Hot?! I don't want.

○ **根据情景2回答问题。Answer the questions according to Scene 2.**

(1) 杰克饿了，王浩建议他吃什么？
　　Jiékè è le, Wáng Hào jiànyì tā chī shénme?

(2) 馄饨是什么？
　　Húntun shì shénme?

(3) 杰克觉得馄饨的味道怎么样？朱丽呢？
　　Jiékè juéde húntun de wèidào zěnmeyàng? Zhūlì ne?

(4) 王浩还给他们推荐了什么小吃？
　　Wáng Hào hái gěi tāmen tuījiàn le shénme xiǎochī?

(5) 酸辣粉是用什么做的？
Suānlàfěn shì yòng shénme zuò de?

◯ 有问有答。Ask and answer.

Ask	Answer
	有的是肉，有的是菜。 Yǒude shì ròu, yǒude shì cài.
你觉得这个菜怎么样？ Nǐ juéde zhège cài zěnmeyàng?	
	味道又酸又辣。 Wèidào yòu suān yòu là.
	那我建议你尝尝羊肉串。 Nà wǒ jiànyì nǐ chángchang yángròuchuàn.

活动 Activities

1. 语音练习 Pronunciation

找出在发音或声调方面不同类的词语。Find out the words with the different pronounciation or tone.

(1)	吃肉 chī ròu	太瘦 tài shòu	水果 shuǐguǒ	土豆 potato tǔdòu	舌头 tongue shétou
(2)	喝汤 hē tāng	菜单 càidān	放盐 fàng yán	太咸 tài xián	服务员 fúwùyuán
(3)	少放 shǎo fàng	稍等 shāo děng	勺子 sháozi	蔬菜 shūcài	素菜 vegetarian food sùcài
(4)	馄饨 húntun	丸子 wánzi	尝尝 chángchang	不要 bú yào	别的 biéde
(5)	饺子 jiǎozi	很好 hěn hǎo	有点儿 yǒudiǎnr	可以 kěyǐ	给我 gěi wǒ

2. 替换练习 Substitution

用表格右侧的词语替换句中画线的部分，说出完整的句子。Use the words on the right side to say several new and complete sentences.

(1) 有什么蔬菜？ Yǒu shénme shūcài?	汤 tāng	主食 zhǔshí	饮料 drink yǐnliào
(2) 再要一个清炒西蓝花。 Zài yào yí ge qīngchǎo xīlánhuā.	一碗米饭 yì wǎn mǐfàn	一碗面条 yì wǎn miàntiáo	一杯咖啡 yì bēi kāfēi

(3) 请少放一点儿盐。 Qǐng shǎo fàng yìdiǎnr yán.	少、味精 shǎo, wèijīng	少、油 oil shǎo, yóu	多、糖 duō, táng
(4) 不要放味精。 Bú yào fàng wèijīng.	糖 táng	辣椒 pepper làjiāo	香菜 caraway xiāngcài
(5) 请给我一个勺子。 Qǐng gěi wǒ yí ge sháozi.	一个碗 yí ge wǎn	一双筷子 chopstick yì shuāng kuàizi	几张餐巾纸 jǐ zhāng cānjīnzhǐ
(6) 我觉得太咸了! Wǒ juéde tài xián le!	甜 tián	好吃 hǎo chī	油腻 oily yóunì
(7) 味道又辣又酸。 Wèidào yòu là yòu suān.	酸、甜 suān, tián	咸、甜 xián, tián	辣、香 savory là, xiāng

3. 看图学词语 Look and Learn Words

从词库里选择词语写在相应的图片下边。Choose the proper words from the word box and write them under the related pictures.

Word box				
白菜 cabbage báicài	土豆 potato tǔdòu	黄瓜 cucumber huángguā	茄子 eggplant qiézi	西红柿 tomato xīhóngshì
西芹 celery xī qín	羊肉 lamb yáng ròu	猪肉 pork zhū ròu	鸡肉 chicken jī ròu	牛肉 beef niú ròu

4. 小组活动 Group Work

三人一组，了解一下同伴的情况，然后填写表格。Work in a group of 3. Fill in the form after consulting your partners.

	喜欢吃什么蔬菜或肉 xǐhuan chī shénme shūcài huò ròu	不喜欢吃什么蔬菜或肉 bù xǐhuan chī shénme shūcài huò ròu
你自己 Yourself		
同伴1 Partner 1		
同伴2 Partner 2		

5. 给句子分类 Classify the Sentences

读读下面的句子，并把句子的序号根据不同的类填入表格。Read the following sentences and fill the serial numbers in the table according to the classification.

(1) 我看一下菜单。
Wǒ kàn yíxià càidān.

(2) 我要一个……，还要一个……
Wǒ yào yí ge ..., hái yào yí ge ...

(3) 请问您要点儿什么?
Qǐngwèn nín yào diǎnr shénme?

(4) 请问您几位?
Qǐngwèn nín jǐ wèi?

(5) 服务员，请给我一双筷子。
Fúwùyuán, qǐng gěi wǒ yì shuāng kuàizi.

(6) 请问洗手间在哪儿?
Qǐngwèn xǐshǒujiān zài nǎr?

(7) 要主食吗?
Yào zhǔshí ma?

(8) 里面是牛肉还是猪肉?
Lǐmian shì niú ròu háishi zhū ròu?

(9) 您要什么饮料?
Nín yào shénme yǐnliào?

(10) 有什么素菜?
Yǒu shénme sùcài?

(11) 埋单! Bill, please!
Máidān!

(12) 好的，请稍等。
Hǎo de, qǐng shāo děng.

(13) 服务员，我们的菜好了吗?
Fúwùyuán, wǒmen de cài hǎo le ma?

(14) 一共是128块。
Yígòng shì yìbǎi èrshíbā kuài.

服务员说的话 Waiter / Waitress says	顾客说的话 Customer says

给老师的提示：
您可以带着学生再分别读一遍服务员的话和顾客的话，以帮助学生加深印象。

6. 模拟表演 Simulation

三四个人一组，利用下面的菜单模拟在饭馆点菜。 Work in a group of 3 or 4. Use the following menu and pretend to order food at a restaurant.

给老师的提示：
①活动开始前，请您准备一些卡片。活动开始时，请您把卡片分别发给每个组扮演顾客的人。
卡片的内容：
(1) 指定每组带多少钱。如：100元、80元、70元、60元等。
(2) 分别指定几个"顾客"询问"服务员"，提出自己的要求。如：问洗手间在哪儿、告诉服务员不要放什么、要勺子、要免费茶等等。
②小组表演结束后，您还可以让原来每组扮演服务员的学生跟您再表演一次。这次他们扮演顾客，老师扮演服务员。

家 常 菜 单
Jiācháng Càidān
Menu

凉 菜	Liáng cài	Cool dishes	
拍黄瓜 shredded cucumber pāi huángguā			6元
凉拌海带丝 seaweed strips salad liángbàn hǎidàisī			6元
凉拌土豆丝 shredded potato salad liángbàn tǔdòusī			6元
水果沙拉 fruit salad shuǐguǒ shālā			10元

热 菜	Rè cài		
素 菜	Sùcài	Vegetables	
地三鲜 fried potato, egg plant, green pepper dìsānxiān			10元
松仁玉米 fried sweet corn with pine nut sōngrén yùmǐ			18元
家常豆腐 bean curd with vegetable jiācháng dòufu			8元
醋溜土豆丝 sour shredded potato cùliū tǔdòusī			8元
清炒西蓝花 stir-fried broccoli qīngchǎo xīlánhuā			12元
清炒荷兰豆 stir-fried peas qīngchǎo hélándòu			12元
红烧茄子 egg plants with brown sauce hóngshāo qiézi			10元
西红柿炒鸡蛋 scrambled eggs with tomato xīhóngshì chǎojīdàn			10元

肉 菜	Ròu cài	Meat	
鱼香肉丝 fish-flavored pork yúxiāng ròusī			16元
木樨肉 fried shreds of pork, fungus and eggs mùxirōu			12元
糖醋排骨 sweet and sour spareribs tángcù páigǔ			18元

葱爆羊肉 fried mutton slice with green cōngbào yángròu scallion			20元
糖醋里脊 sweet and sour fillets tángcù lǐji			20元
宫保鸡丁 gongbao chicken gōngbǎo jīdīng			16元
京酱肉丝 shredded pork with brown jīngjiàng ròusī sauce			16元
红烧牛肉 beef with brown sauce hóngshāo niúròu			25元

鱼 类	Yú lèi	Fish	
糖醋鱼 sweet and sour fish tángcùyú			18元/斤
菊花鱼 deep fried fish in the shape jūhuāyú of a chrysanthemum			30元
水煮鱼 boiled fish in a spicy soup shuǐzhǔyú			16元/斤
清蒸草鱼 steamed fish qīngzhēng cǎoyú			18元/斤

汤 类	Tāng lèi	Soup	
冬瓜丸子汤 white gourd and meat balls soup dōngguā wánzi tāng			12元
酸辣汤 sour and spicy soup suānlà tāng			6元
西红柿鸡蛋汤 tomato and egg soup xīhóngshì jīdàn tāng			8元
三鲜汤 pork and sea food soup sānxiān tāng			8元

主 食	Zhǔ shí	Staple food	
蛋炒饭 egg fried rice dànchǎofàn			8元

7. 成段表达 Expression

模仿下面这段话给大家推荐一个自己喜欢的菜或其他食品。Follow the example passage and recommend a favorite dish or food to the class.

我给你们推荐一个中国菜——醋熘土豆丝。这个菜是素菜，是用土豆做的。味道有点儿酸，又好吃又便宜。我每次去饭馆都点这个菜。饭馆里做的醋熘土豆丝有的辣有的不辣，有的时候放一点儿青椒。你要什么样的告诉服务员就可以了。

Wǒ gěi nǐmen tuījiàn yí ge Zhōngguó cài — cùliū tǔdòusī. Zhège cài shì sùcài, shì yòng tǔdòu zuò de. Wèidào yǒu diǎnr suān, yòu hǎo chī yòu piányi. Wǒ měi cì qù fànguǎn dōu diǎn zhège cài. Fànguǎn lǐ zuò de cùliū tǔdòusī yǒude là yǒude bú là, yǒude shíhou fàng yìdiǎnr qīngjiāo. Nǐ yào shénme yàng de gàosù fúwùyuán jiù kěyǐ le.

Word box	
醋熘土豆丝 fried shredded potatoes with vinegar sauce	素菜 vegetarian food

给老师的提示：
您也可以把这个练习作为家庭作业留给学生，下次上课时检查。

8. 看图交流 Look and Share Information

两人一组，一个人看图A，一个人看图B。请用汉语对图A和图B进行比较，看看你们的图有什么不一样。Work in pairs. One looks at picture A and the other, picture B. Use Chinese to describe your picture as much as possible, and then compare with your partner's.

9. 常用语句 Useful Language

这个打包。
Zhège dǎ bāo.
I'd like to take this to go.

鱼 fish
yú
西餐 Western food
xīcān
牛排 steak
niúpái
叉子 fork
chāzi

B

鱼 fish
yú
西餐 Western food
xīcān
牛排 steak
niúpǎi
叉子 fork
chāzi

常用语句 Useful Language

②

我不吃辣的。
wǒ bù chī là de.
I don't like anything spicy.

写汉字 Chinese Characters

chī 吃

cài 菜

fàn 饭

guǎn 馆

先生，打扰您一下

Xiānsheng, dǎrǎo nín yíxià

Excuse Me, Sir

目标 Objectives

1 复习公共设施的名称和方位词 Review the names of community facilities and location words

2 学会问路 Learn to ask for directions

3 学会了解和介绍学校及附近的一般公共设施 Learn to know and introduce public facilities in and around your campus

4 学会了解乘车路线 Learn to know transportation routes

给老师的提示：
这一课的活动5需要您和学生提前准备几张本市的交通图。

复习 Review

Word box	左边 zuǒbian	右边 yòubian	前边 qiánbian	后边 hòubian	中间 zhōngjiān
	旁边 pángbiān	上边 shàngbian	下边 xiàbian	里边 lǐbian	外边 wàibian

1. 看图回答问题。Look and Answer Questions.

(1) 留学生办公室在哪儿？
Liúxuéshēng bàngōngshì zài nǎr?

(2) 二班教室在哪儿？
Èr bān jiàoshì zài nǎr?

(3) 六班教室在哪儿？
Liù bān jiàoshì zài nǎr?

(4) 自行车可以放在哪儿？
Zìxíngchē kěyǐ fàng zài nǎr?

(5) 图书馆在哪儿?
Túshūguǎn zài nǎr?

(7) 在哪儿可以买水?
Zài nǎr kěyǐ mǎi shuǐ?

(6) 在哪儿可以运动?
Zài nǎr kěyǐ yùndòng?

(8) 留学生可以去哪儿吃饭?
Liúxuéshēng kěyǐ qù nǎr chī fàn?

2. 从词库里选择词语写在图中合适的地方。**Choose proper words from the word box and write them at the right places on the picture.**

Word box		
饭馆儿 fànguǎnr	咖啡馆儿 kāfēiguǎnr	邮局 yóujú
商店 shāngdiàn	银行 yínháng	学校 xuéxiào
出租车 chūzū chē	地铁 dìtiě	公共汽车 gōnggòng qìchē
厕所 cèsuǒ	车站 chēzhàn	公园 gōngyuán
马路 mǎlù		

给老师的提示：
您还可以在图上
指定一个位置，
假设您在那里问
路，然后说几个
地方，问问学生
怎么走。

生词 **N**ew Words

1 打扰 trouble dǎrǎo	2 路人 passerby lùrén	3 走路 walk zǒu lù
4 大概 about dàgài	5 得 have to děi	6 商场 superstore shāngchǎng
7 饭店 restaurant, hotel fàndiàn	8 路口 cross lùkǒu	9 拐 turn guǎi
10 购物中心 shopping mall gòu wù zhōngxīn	11 洗 develop, process xǐ	12 餐厅 canteen cāntīng
13 超市 supermarket chāoshì	14 音像 video yīnxiàng	15 店 store diàn
16 种类 kind zhǒnglèi	17 挺 rather tǐng	18 米 meter mǐ
19 左右 around zuǒyòu	20 旅游 travel lǚyóu	21 市 city shì
22 图书 book túshū	23 大厦 mansion dàshà	

Proper Names

1 英爱 Ying'ai Yīng'ài	2 新街口 Xinjiekou Xīnjiēkǒu	3 西单 Xidan Xīdān

○ 搭配词语。Use the proper words you've learnt to match the words below.

打扰_____ dǎrǎo   洗_____ xǐ

大概_____ dàgài   _____米 mǐ

得_____ děi   _____左右 zuǒyòu

49

句子 Sentences

1. 先生，打扰您一下。 Excuse me, Sir.
   Xiānsheng, dǎrǎo nín yíxià.

2. 请问附近有没有中国银行？ Is there a Bank of China nearby?
   Qǐngwèn fùjìn yǒu méiyǒu Zhōngguó Yínháng?

3. 从这儿一直往前走，到路口往北拐。 Go straight, and turn north at the cross.
   Cóng zhèr yìzhí wǎng qián zǒu, dào lùkǒu wǎng běi guǎi.

4. 购物中心旁边就有一家大饭店。 There is a large hotel next to a
   Gòu wù zhōngxīn pángbiān jiù yǒu yì jiā dà fàndiàn. shopping mall.

5. 学校里有洗照片儿的地方吗？ Is there somewhere to process photos on campus?
   Xuéxiào lǐ yǒu xǐ zhāopiānr de dìfang ma?

6. 我还想问问您，…… I'd like to ask one more thing, …
   Wǒ hái xiǎng wènwen nín, …

7. 在哪儿可以买到（好一点儿的） Where can I buy some CDs and VCDs
   Zài nǎr kěyǐ mǎi dào (hǎo yìdiǎnr de) (of better quality)?

   CD 和 VCD？
   CD hé VCD?

8. 书店离这儿远吗？ Is the bookstore far from here?
   Shū diàn lí zhèr yuǎn ma?

9. 先坐 300 路，然后在新街口换地铁。
   Xiān zuò sānbǎi lù, ránhòu zài Xīnjiēkǒu huàn dìtiě.
   Take bus 300 first and change to the subway at Xinjiekou.

○ 碰到下面的情况时，你说什么？ **What might you say when you encounter the following situations?**

(1) 你想问一个人事情。
   Nǐ xiǎng wèn yí ge rén shìqing.

(2) 你想问第二个问题。
   Nǐ xiǎng wèn dì-èr ge wèntí.

● Use the sentences you just learnt.

(3) 你要找一个银行。
   Nǐ yào zhǎo yí ge yínháng.

(4) 你要找一个洗照片儿的地方。
   Nǐ yào zhǎo yí ge xǐ zhàopiānr de dìfang.

(5) 你想问问远不远。
   Nǐ xiǎng wènwen yuǎn bù yuǎn.

(6) 你要买ＣＤ和ＶＣＤ，可是不知道应该去哪儿。
   Nǐ yào mǎi CD hé VCD, kěshì bù zhīdào yīnggāi qù nǎr.

(7) 告诉别人哪儿有大饭店。
   Gàosu biérén nǎr yǒu dà fàndiàn.

● The picture below may help you.

(8) 告诉别人怎么走。
   Gàosu biérén zěnme zǒu.

(9) 告诉别人怎么坐车。
   Gàosu biérén zěnme zuò chē.

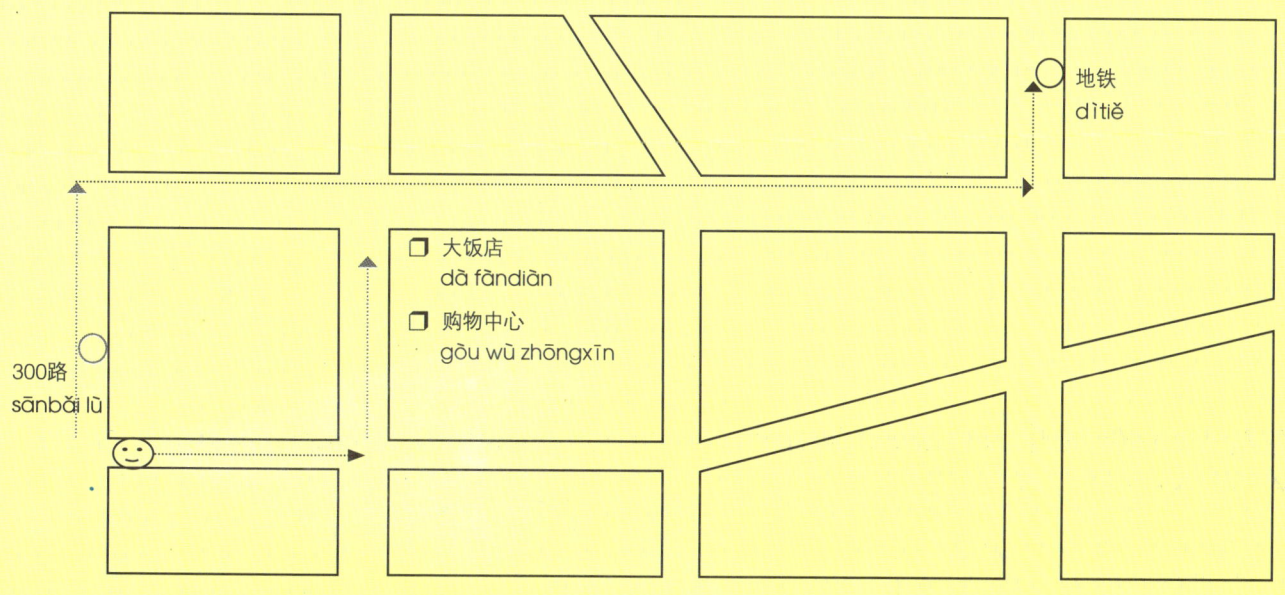

情景 **S**cenes

(On the street.)

英 爱： 先生，打扰您一下。
Yīng'ài: Xiānsheng, dǎrǎo nín yíxià.

路 人： 什么事？
Lùrén: Shénme shì?

英 爱： 请问附近有没有中国银行？我想换钱。
Yīng'ài: Qǐngwèn fùjìn yǒu méiyǒu Zhōngguó Yínháng? Wǒ xiǎng huàn qián.

路 人： 有，走路大概得15分钟吧。
Lùrén: Yǒu, zǒu lù dàgài děi shíwǔ fēnzhōng ba.

英 爱： 哦，挺远的。别的地方能换钱吗？
Yīng'ài: Ò, tǐng yuǎn de. Bié de dìfang néng huàn qián ma?

路 人： 一般的大饭店、大商场都可以。
Lùrén: Yìbān de dà fàndiàn, dà shāngchǎng dōu kěyǐ.

英 爱： 您能告诉我离这儿最近的大饭店吗？
Yīng'ài: Nín néng gàosu wǒ lí zhèr zuì jìn de dà fàndiàn ma?

路 人： 从这儿一直往前走，到路口往北拐，购物中心旁边就①有一
Lùrén: Cóng zhèr yìzhí wǎng qián zǒu, dào lùkǒu wǎng běi guǎi, gòu wù zhōngxīn

家大饭店。
pángbiān jiù yǒu yì jiā dà fàndiàn.

英 爱： 谢谢您。
Yīng'ài: Xièxie nín.

1

> ① Here "就" emphasizes certainty. E.g. 那儿就是留学生楼。/ 学校里就有邮局。

Yingai:	Excuse me, Sir.
Passerby:	What's up?
Yingai:	Is there a Bank of China nearby? I want to change money.
Passerby:	Yes, there is. About 15 minutes on foot.
Yingai:	Oh, so far. May I change money in other places?
Passerby:	Yes, usually large hotels and superstores provide such service.
Yingai:	Could you tell me the nearest large hotel?
Passerby:	Go straight, and turn north at the cross. There is a large hotel next to a shopping mall.
Yingai:	Thank you very much.

◉ 根据情景1判断正误。对的画✓，错的画✗。**Make judgments according to Scene 1. Mark ✓ for true and ✗ for false.**

☐ (1) 英爱想买东西。
Yīng'ài xiǎng mǎi dōngxi.

☐ (2) 附近没有中国银行。
Fùjìn méiyǒu Zhōngguó Yínháng.

☐ (3) 走路去中国银行大概得15分钟。
Zǒulù qù Zhōngguó Yínháng dàgài děi shíwǔ fēnzhōng.

☐ (4) 一般的大饭店、大商场也可以换钱。
　　　Yìbān de dà fàndiàn, dà shāngchǎng yě kěyǐ huàn qián.

☐ (5) 大饭店在路口的南边。
　　　Dà fàndiàn zài lùkǒu de nánbian.

○ **画线连接，组成对话。Draw lines to complete the dialogs.**

(1) 先生，打扰您一下。
　　Xiānsheng, dǎrǎo nín yíxià.

(2) 请问附近有中国银行吗？
　　Qǐngwèn fùjìn yǒu Zhōngguó Yínháng ma?

(3) 远吗？
　　Yuǎn ma?

(4) 离这儿有多远？
　　Lí zhèr yǒu duō yuǎn?

(5) 怎么走？
　　Zěnme zǒu?

a　挺远的。
　　Tǐng yuǎn de.

b　坐车大概得两站地吧。
　　Zuò chē dàgài děi liǎng zhàn dì ba.

c　从这儿一直往前走，到路口往北拐。
　　Cóng zhèr yìzhí wǎng qián zǒu, dào lùkǒu wǎng běi guǎi.

d　有，走路大概得10分钟吧。
　　Yǒu, zǒu lù dàgài děi shí fēnzhōng ba.

e　什么事？
　　Shénme shì?

(Jack is asking the dorm's supervisor, Mr. Zhang.)

杰　克：　张师傅，学校里有洗照片儿的地方吗？
Jiékè:　　Zhāng shīfu, xuéxiào lǐ yǒu xǐ zhàopiānr de dìfang ma?

张师傅：　有啊。
Zhāng shīfu:　Yǒu ā.

杰　克：　在哪儿？
Jiékè:　　Zài nǎr?

张师傅：　学生餐厅旁边的超市里就有洗照片儿的。
Zhāng shīfu:　Xuésheng cāntīng pángbiān de chāoshì lǐ jiù yǒu xǐ zhàopiānr de.

杰　克：　我还想问问您，在哪儿可以买到好一点儿的CD和VCD？
Jiékè:　　Wǒ hái xiǎng wènwen nín, zài nǎr kěyǐ mǎi dào hǎo yìdiǎnr de CD hé VCD?

张师傅：　学校东门附近有一个比较大的音像店，那儿种类
Zhāng shīfu:　Xuéxiào dōng mén fùjìn yǒu yí ge bǐjiào dà de yīnxiàng diàn, nàr zhǒnglèi

　　　　　挺多的。
　　　　　tǐng duō de.

杰　克：　是吗？怎么走？
Jiékè:　　Shì ma? zěnme zǒu?

张师傅：　出了东门往南，走200米左右就看见了。
Zhāng shīfu:　Chū le dōng mén wǎng nán, zǒu liǎngbǎi mǐ zuǒyòu jiù kàn jiàn le.

2

53

Jack:	Mr. Zhang, Is there somewhere to process photos on campus?
Mr. Zhang:	Yeah.
Jack:	Where is it?
Mr. Zhang:	In the supermarket next to the students' canteen.
Jack::	Oh. I'd like to ask one more thing. Where can I buy some CDs and VCDs of better quality?
Mr. Zhang:	There is a comparatively large video store near the east door of the campus. There will be more choices.
Jack:	Really? How can I get there?
Mr. Zhang:	After you go out of the east door, go southwards, walk about 200 meters and you will see it.

● 根据情景2补全下面这段话。**Complete the following paragraph according to the Scene 2.**

学校里有＿＿＿＿＿＿＿＿＿＿的地方，就在＿＿＿＿＿＿＿＿＿＿＿＿。
Xuéxiào lǐ yǒu ＿＿＿＿ de dìfang, jiù zài ＿＿＿＿

学校＿＿＿＿＿＿＿＿＿有一个比较大的音像店，＿＿＿＿＿＿＿＿东
Xuéxiào ＿＿＿＿ yǒu yí ge bǐjiào dà de yīnxiǎng diàn, ＿＿＿＿ dōng

门＿＿＿＿南，＿＿＿＿＿＿＿200米左右＿＿＿＿看见了。
mén ＿＿ nán, ＿＿＿＿ liǎngbǎi mǐ zuǒyòu ＿＿ kàn jiàn le.

● 有问有答。**Ask and answer.**

Ask	Answer
	有啊。 Yǒu ā.
	在哪儿？ Zài nǎr?
在哪儿可以买到好一点儿的CD？ Zài nǎr kěyǐ mǎi dào hǎo yìdiǎnr de CD?	
	出了大门，往南走100米就到了。 Chū le dà mén, wǎng nán zǒu yìbǎi mǐ jiù dào le.

朱 丽： Zhūlì:	李静，你知道书店在哪儿吗？ Lǐ Jìng, nǐ zhīdào shū diàn zài nǎr ma?
李 静： Lǐ Jìng:	学校里就有一个小书店。你想买什么书？ Xuéxiào lǐ jiù yǒu yí ge xiǎo shū diàn. Nǐ xiǎng mǎi shénme shū?
朱 丽： Zhūlì:	我想买一些旅游方面的书，还想买一本好点儿的 Wǒ xiǎng mǎi yìxiē lǚyóu fāngmiàn de shū, hái xiǎng mǎi yì běn hǎo diǎnr de 汉语词典。 Hànyǔ cídiǎn.
李 静： Lǐ Jìng:	那我建议你去大一点儿的书店，市图书大厦就不错。 Nà wǒ jiànyì nǐ qù dà yìdiǎnr de shū diàn, Shì Túshū Dàshà jiù búcuò.
朱 丽： Zhūlì:	离这儿远吗？ Lí zhèr yuǎn ma?
李 静： Lǐ Jìng:	比较远，得坐车去。 Bǐjiào yuǎn, děi zuò chē qù.

朱 丽： 怎么坐车？
Zhūlì: Zěnme zuò chē?

李 静： 你先坐300路②，然后在新街口换地铁，在西单下车就到了。
Lǐ Jìng: Nǐ xiān zuò sānbǎi lù, ránhòu zài Xīnjiēkǒu huàn dìtiě, zài Xīdān xià chē jiù dào le.

朱 丽： 下车以后好找③吗？
Zhūlì: Xià chē yǐhòu hǎo zhǎo ma?

李 静： 好找，车站的东边就是书店。
Lǐ Jìng: Hǎo zhǎo, chēzhàn de dōngbian jiù shì shū diàn.

朱 丽： 这个书店几点关门？
Zhūlì: Zhège shū diàn jǐ diǎn guān mén?

李 静： 晚上10点。
Lǐ Jìng: Wǎnshang shí diǎn.

3

② Here "路" means *bus route*. E.g. 20路, 717路.
③ Here "好" used before verbs means *be easy to do sth*. E.g. 英语很好学。/ 这个词很好懂。

Julie:	Li Jing, do you know where the bookstore is?
Li Jing:	There is a small bookstore on campus. What do you want to buy?
Julie:	I want to buy some travel books and a good Chinese dictionary.
Li Jing:	I suggest you go to a larger bookstore, for example the City Book Mansion.
Julie:	Is it far from here?
Li Jing:	A little far. You have to take a bus to get there.
Julie:	Which bus should I take?
Li Jing:	Take the bus 300 first and change to the subway at Xinjiekou, that's it when you get to Xidan.
Julie:	Is it easy to find when I get off the subway?
Li Jing:	Yeah. The Book Mansion is on the east side of the subway.
Julie:	When will the bookstore be closed?
Li Jing:	At 10:00 pm.

◉ 根据情景 3 回答问题。**Answer the questions according to Scene 3.**

(1) 哪儿有书店？
Nǎr yǒu shū diàn?

(2) 图书大厦离朱丽他们那儿远吗？
Túshū Dàshà lí Zhūlì tāmen nàr yuǎn ma?

(3) 去图书大厦怎么坐车？
Qù Túshū Dàshà zěnme zuò chē?

(4) 下车以后好找吗？
Xià chē yǐhòu hǎo zhǎo ma?

(5) 这个书店几点关门？
Zhège shū diàn jǐ diǎn guān mén?

◉ 画线连接，组成对话。**Draw lines to complete the dialogs.**

(1) 我想买一本好一点儿的词典。
Wǒ xiǎng mǎi yì běn hǎo yìdiǎnr de cídiǎn.

a 比较远。
Bǐjiào yuǎn.

(2) 离这儿远吗？
Lí zhèr yuǎn ma?

b 那我建议你去大一点儿的书店。
Nà wǒ jiànyì nǐ qù dà yìdiǎnr de shū diàn.

(3) 怎么坐车？
Zěnme zuò chē?

c 我想买旅游方面的书。
Wǒ xiǎng mǎi lǚyóu fāngmiàn de shū.

(4) 你想买什么书？
Nǐ xiǎng mǎi shénme shū?

d 坐105路，在西单下车。
Zuò yāolíngwǔ lù, zài Xīdān xià chē.

活动 **A**ctivities

1. 语音练习 Pronunciation

找一个座位离你最远的人对话。**Make a dialog with a classmate who sits furthest from you.**

学生A说对话①或对话②。学生B根据自己听到的问题回答。看看B说的跟A说的是不是同一个对话。要求学生A只能说一遍，不能重复。Student A chooses starting the conversation with dialogue ① or ② . Student B makes a response according to what he/she hears. Finally both look at whether they make the same dialogue. It requires that Student A should ask the question only once without repetition.

(1) ① A：先生，去音乐学院怎么走？
　　　　Xiānsheng, qù Yīnyuè Xuéyuàn zěnme zǒu?

　　　B：往前走，然后往左拐。
　　　　Wǎng qián zǒu, ránhòu wǎng zuǒ guǎi.

　　② A：先生，去英育学院怎么走？
　　　　Xiānsheng, qù Yīngyù Xuéyuàn zěnme zǒu?

　　　B：往南走，然后往右拐。
　　　　Wǎng nán zǒu, ránhòu wǎng yòu guǎi.

(2) ① A：请问，附近有超市吗？
　　　　Qǐngwèn, fùjìn yǒu chāoshì ma?

　　　B：有啊，出了校门走100米就是。
　　　　Yǒu ā, chū le xiào mén zǒu yìbǎi mǐ jiù shì.

　　② A：秦文，附近有超市吗？
　　　　Qín Wén, fùjìn yǒu chāoshì ma?

　　　B：没有，得坐车去新街口。
　　　　Méiyǒu, děi zuò chē qù Xīnjiēkǒu.

(3) ① A：李店远吗？
　　　　Lǐdiàn yuǎn ma?

　　　B：很远，坐车大概得一个小时。
　　　　Hěn yuǎn, zuò chē dàgài děi yí ge xiǎoshí.

　　② A：离这儿远吗？
　　　　Lí zhèr yuǎn ma?

　　　B：不远，走路大概5分钟就到了。
　　　　Bù yuǎn, zǒu lù dàgài wǔ fēnzhōng jiù dào le.

2. 替换练习 Substitution

用表格右侧的词语替换句中画线的部分，说出完整的句子。**Use the words on the right side to say several new and complete sentences.**

(1) 请问附近有没有中国银行？ Qǐngwèn fùjìn yǒu méiyǒu Zhōngguó Yínháng?	超市 chāoshì	卫生间 toilet wèishēngjiān	公用 public 电话 gōngyòng diànhuà

56

(2) 购物中心旁边有一家大饭店。 Gòu wù zhōngxīn pángbiān yǒu yì jiā dà fàndiàn.	北边、银行 běibian, yínháng	西门附近、书店 Xī mén fùjìn, shū diàn	15号楼旁边、洗衣店 shíwǔ hào lóu pángbiān, xǐ yī diàn
(3) 学校里有洗照片儿的地方吗？ Xuéxiào lǐ yǒu xǐ zhàopiānr de dìfang ma?	洗衣店 xǐ yī diàn	修自行车的地方 xiū zìxíngchē de dìfang	复印 copy 的地方 fùyìn de dìfang
(4) 在哪儿可以买到好一点儿的 CD和VCD？ Zài nǎr kěyǐ mǎi dào hǎo yìdiǎnr de CD hé VCD?	买到这种电子 electric 词典 mǎi dào zhè zhǒng diànzǐ cídiǎn	洗照片儿 xǐ zhàopiānr	看京剧 kàn jīngjù
(5) 从这儿一直往前走，到路口往北拐。 Cóng zhèr yìzhí wǎng qián zǒu, dào lùkǒu wǎng běi guǎi.	西 xī	东 dōng	左 zuǒ
(6) 走200米就看见了。 Zǒu liǎngbǎi mǐ jiù kàn jiàn le.	50米、看见 wǔshí mǐ, kàn jiàn	5分钟、到 wǔ fēnzhōng, dào	一会儿、到 yíhuìr, dào
(7) 先坐300路，然后在新街口换地铁。 Xiān zuò sānbǎi lù, ránhòu zài Xīnjiēkǒu huàn dìtiě.	1路、22路 yī lù, èrshí'èr lù	808路、105路 bālíngbā lù, yāolíngwǔ lù	地铁、54路 dìtiě, wǔshísì lù

3. 看图学词语 Look and Learn Words

从词库里选择词语写在相应的图片下边。Choose the proper words from the word box and write them under the related pictures.

Word box

网吧 Net café wǎngbā	理发馆 barbershop lǐfà guǎn	健身房 gymnasium jiànshēnfáng	电影院 cinema diànyǐngyuàn

先生，打扰您一下

4. 看图选句 Look and Choose Sentence

看看哪个句子可以表达图片的意思。请把句子的序号写在相关的图片下边。Look at which sentence expresses the meaning of each picture and write the serial numbers under the related pictures.

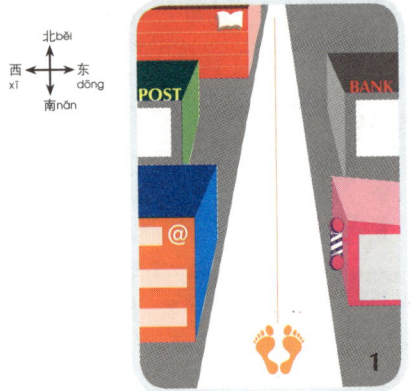

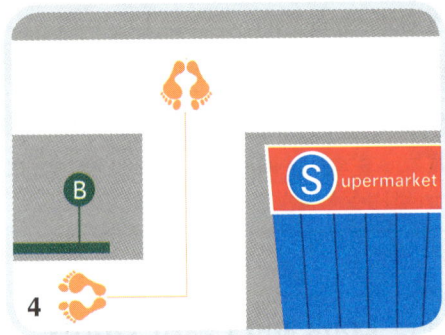

Word box

头 the end (of a road) tóu	马路 mǎlù	对面 duìmiàn	拐弯 guǎiwān

(1) 健身房在电影院和网吧的中间。
Jiànshēnfáng zài diànyǐngyuàn hé wǎngbā de zhōngjiān.

(2) 一直往前走，走到头。
Yìzhí wǎng qián zǒu, zǒu dào tóu.

(3) 从超市后面的小路往南走，一拐弯就能看到。
Cóng chāoshì hòumian de xiǎo lù wǎng nán zǒu, yì guǎiwān jiù néng kàn dào.

(4) 先往前走，然后往东拐，马路对面就是。
Xiān wǎng qián zǒu, ránhòu wǎng dōng guǎi, mǎlù duìmiàn jiù shì.

给老师的提示：您可以进一步问问学生(2)(3)(4)句所说的目的地是哪儿。

5. 双人活动 Pair Work

和同伴一起利用所在城市的交通图快速找出下面的地方，并说出最近的路线。Work with your partner. Find the following places on a city map and shortest routes to them.

Word box

往 wǎng	拐 guǎi	先……然后 xiān …… ránhòu	坐……路 zuò …… lù

给老师的提示：请您和学生准备几张本市的交通图。

58

·最近的电影院
zuì jìn de diànyǐngyuǎn

·最近的购物中心
zuì jìn de gòu wù zhōngxīn

·最近的大饭店
zuì jìn de dà fàndiàn

·最近的医院
zuì jìn de yīyuàn

·最大的广场
zuì dà de guǎngchǎng

·最大的公园
zuì dà de gōngyuán

·火车站
huǒchē zhàn

6. 小组活动 Group Work

三四个人一组，说说学校里都有什么设施、在什么位置，然后画一张学校的平面图。Work in a group of 3 or 4. Discuss the locations of facilities on your campus. Then draw a campus map.

给老师的提示：
您可以让各组把平面图放在一起，互相比较，看看有没有画错和忘了画的地方。最后还可以让一两个学生根据平面图介绍一下这个学校。

北běi

西xī　东dōng

南nán

● Only draw a simple picture marking some important buildings.

7. 成段表达 Expression

模仿下面这段话介绍自己住的社区。Follow the example passage and introduce your own community.

我住的地方生活很方便。楼下有一个花园，可以在那儿散步。楼旁边有一个小运动场，我每天都在那儿锻炼一个小时。我们家西边有一个比较大的超市。超市里的东西比较全，里面还有一个洗衣店。超市的对面有音像店、书店、服装店和几个饭馆儿。我家北边还有一个大商场，坐公共汽车两站就到了。

Wǒ zhù de dìfang shēnghuó hěn fāngbiàn. Lóu xià yǒu yí ge huāyuán, kěyǐ zài nǎr sàn bù. Lóu pángbiān yǒu yí ge xiǎo yùndòngchǎng, wǒ měi tiān dōu zài nǎr duànliàn yí ge xiǎoshí. Wǒmen jiā xībian yǒu yí ge bǐjiào dà de chāoshì. Chāoshì lǐ de dōngxi bǐjiào quán, lǐmiàn hái yǒu yí ge xǐ yī diàn. Chāoshì de duìmiàn yǒu yīnxiàng diàn, shū diàn, fúzhuāng diàn hé jǐ ge fànguǎnr. Wǒ jiā běibian hái yǒu yí ge dà shāngchǎng, zuò gōnggòng qìchē liǎng zhàn jiù dào le.

Word box		
花园 garden	散步 walk	全 complete

8. 看图交流 **Look and Share Information**

两人一组，一个人看图A，一个人看图B。请用汉语对图A和图B进行比较，看看你们的图有什么不一样。Work in pairs. One looks at picture A and the other, picture B. Use Chinese to describe your picture as much as possible, and then compare with your partner's.

A

xuéxiào
SCHOOL

yínháng
BANK

Lín Huā jiā

wǎngbā
NETBAR

Coffee

kāfēiguǎnr

美食

fànguǎnr

Restaurant

yóujú
中国邮政
CHINA POST

乐乐福百货

shāngdiàn

9. 常用语句 **Useful Language**

警察先生，我迷路了。
Jǐngchá xiānsheng, wǒ mílù le.
Mr. Police, I've got lost.

60

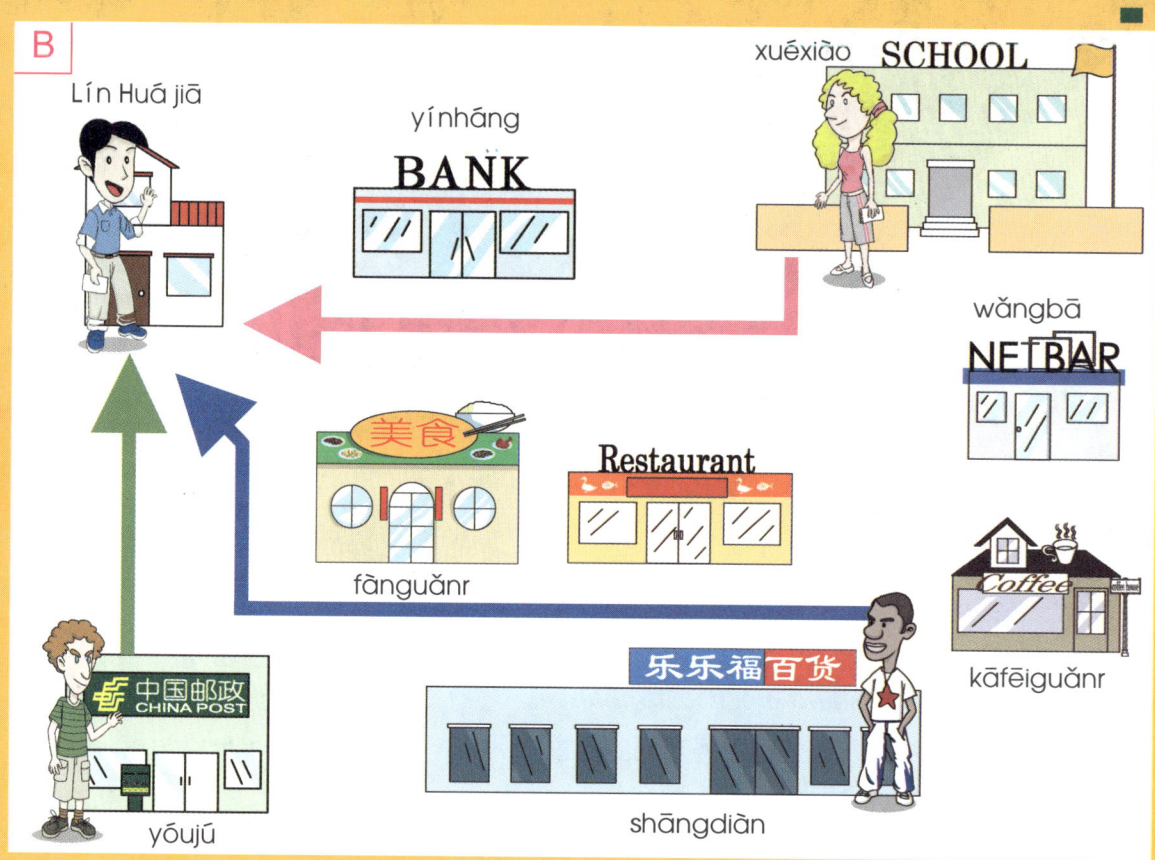

B

Lín Huá jiā

yínháng
BANK

xuéxiào
SCHOOL

wǎngbā
NET BAR

美食

Restaurant

Coffee

fànguǎnr

kāfēiguǎnr

中国邮政
CHINA POST

乐乐福百货

yóujú

shāngdiàn

写汉字 **C**hinese Characters

chāo

shì

shāng

diàn

怎么办？
Zěnme bàn?

What Shall I Do?

目标 **O**bjectives

1 复习与家用电器和家居用品相关的词语 *Review the words about household articles and electric appliances*

2 学会提出在住宿服务方面的要求 *Learn to make requests on the accommodation service*

3 学会说明自己遇到的困难 *Learn to explain the difficulties you meet*

4 学会遇到困难时咨询和请求帮助 *Learn to consult others and ask for help when you meet difficulties*

复习 **R**eview

1. 简单画出下列物品。**Draw a simple picture of the following articles.**

Word box

电视	电冰箱	空调	电话	电脑	洗衣机
diànshì	diànbīngxiāng	kōngtiáo	diànhuà	diànnǎo	xǐyījī

沙发	桌子	椅子	床	灯
shāfā	zhuōzi	yǐzi	chuáng	dēng

2. 根据自己的情况回答问题。 **Answer the questions according to actual situations.**

(1) 你的房间里现在有什么东西？

Nǐ de fángjiān lǐ xiānzài yǒu shénme dōngxi?

(2) 你现在最需要的是什么东西？

Nǐ xiānzài zuì xūyào de shì shénme dōngxi?

(3) 你修过什么东西？

Nǐ xiū guo shénme dōngxi?

(4) 你换过什么东西？

Nǐ huàn guo shénme dōngxi?

生词 **N**ew Words

1 服务台 service desk fúwù tái	2 请问 Excuse me qǐngwèn	3 空调 air-conditioner kōngtiáo
4 制冷 refrigerate zhìlěng	5 修 repair xiū	6 床单 sheet chuángdān
7 打扫 clean dǎsǎo	8 国际 international guójì	9 长途 long-distance chángtú
10 (打)通 get through (on the phone) (dǎ) tōng	11 开通 open kāitōng	12 业务 service yèwù
13 卡 card kǎ	14 小卖部 a small shop xiǎomàibù	15 蓝色 blue lán sè
16 本子 notebook běnzi		

○ 搭配词语。 **Use the proper words you've learnt to match the words below.**

修_____   _____ 卡
xiū   kǎ

打扫_____   蓝色的_____
dǎsǎo   lán sè de

国际_____
guójì

句子 Sentences

1. 喂，是服务台吗？ Hello, is it the service desk?
   Wèi, shì fúwù tái ma?

2. 我房间的空调不制冷。 The refrigeration system of the air-conditioner
   Wǒ fángjiān de kōngtiáo bú zhìlěng. in my room doesn't work.

3. 请帮我换一下。 Could you change it?
   Qǐng bāng wǒ huàn yíxià.

4. 为什么打不通？ Why can't I get through?
   Wèi shénme dǎ bù tōng?

5. 我应该怎么办？ What shall I do?
   Wǒ yīnggāi zěnme bàn?

6. 您好，我问一下…… Hello! May I ask if ...
   Nín hǎo, wǒ wèn yíxià...

7. 您有没有看见一个蓝色的小本子？ Did you find a blue notebook?
   Nín yǒu méiyǒu kàn jiàn yí ge lán sè de xiǎo běnzi?

8. 我走的时候忘了拿了。 I forgot to take it when I was leaving.
   Wǒ zǒu de shíhou wàng le ná le.

9. 您能帮我找找吗？ Could you help me look for it?
   Nín néng bāng wǒ zhǎozhao ma?

10. 真是太感谢了！ Thank you so much.
    Zhēn shì tài gǎnxiè le!

⊙ 根据不同内容给句子分类，并把序号填入表格中。 Classify the sentences according to different contents and fill the serial numbers in the table.

内容 Content	句子 Sentence
表示询问 Inquiry	
说明情况 Explanation	
提出请示 Demand	
表示感谢 Appreciation	

给老师的提示：
您可以让学生按类别再读一读这些句子。

情景 **S** cenes

(Li Yingai is calling the service desk in her room.)

英 爱： 喂，是服务台吗？
Yīng'ài: Wèi, shì fúwù tái ma?

服务员： 是。请问有什么事？
Fúwùyuán: Shì. Qǐngwèn yǒu shénme shì?

英 爱： 我是302房间，我房间的空调不制冷。
Yīng'ài: Wǒ shì sānlíng'èr fángjiān, wǒ fángjiān de kōngtiáo bú zhìlěng.

服务员： 知道了，我们马上派人去修。
Fúwùyuán: Zhīdào le, wǒmen mǎshàng pài rén qù xiū.

英 爱： 还有①，我的床单脏了，请帮我换一下。
Yīng'ài: Hái yǒu, wǒ de chuángdān zāng le, qǐng bāng wǒ huàn yíxià.

服务员： 好的，马上就来。房间要打扫吗？
Fúwùyuán: Hǎo de, mǎshàng jiù lái. Fángjiān yào dǎsǎo ma?

英 爱： 不用了，谢谢！
Yīng'ài: Bú yòng le, xièxie!

① Here "还有" means *supplement*. E.g. 我今天很忙，要学习、要买东西。还有，下午要给朋友写信。

1

Yingai: Hello, is it the service desk?
Attendant: Yes. What can I do for you?
Yingai: Here is room 302, and the refrigeration system of the air-conditioner doesn't work.
Attendant: I got it. I'll send someone to repair it.
Yingai: Also, my sheet is dirty, could you change it?
Attendant: Sure, I'll be there soon. Do you need room cleaning?
Yingai: No, thanks.

根据情景1判断正误。对的画✓，错的画✗。 **Make judgments according to Scene 1. Mark ✓ for true and ✗ for false.**

☐ (1) 英爱去了服务台。
Yīng'ài qù le fúwù tái.

☐ (2) 马上有人来修空调。
Mǎshàng yǒu rén lái xiū kōngtiáo.

☐ (3) 英爱想换一张床。
Yīng'ài xiǎng huàn yì zhāng chuáng.

☐ (4) 英爱的房间不用打扫。
Yīng'ài de fángjiān bú yòng dǎsǎo.

画线连接，组成对话。 **Draw lines to complete the dialogs.**

(1) 喂，是服务台吗？
Wèi, shì fúwù tái ma?

(2) 我的床单脏了，请帮我换一下。
Wǒ de chuángdān zāng le, qǐng bāng wǒ huàn yíxià.

(3) 房间要打扫吗？
Fángjiān yào dǎsǎo ma?

(4) 请问有什么事？
Qǐngwèn yǒu shénme shì?

a 不用了，谢谢。
Bú yòng le, xièxie.

b 我房间的空调不制冷。
Wǒ fángjiān de kōngtiáo bú zhìlěng.

c 好的，马上就来。
Hǎo de, mǎshàng jiù lái.

d 对，是服务台。
Duì, shì fúwù tái.

杰 克:　请问，我想打国际长途，为什么打不通②?
Jiékè:　Qǐngwèn, wǒ xiǎng dǎ guójì chángtú, wèi shénme dǎ bù tōng?

服务员:　您房间的电话没有开通国际长途业务。
Fúwùyuán:　Nín fángjiān de diànhuà méiyǒu kāitōng guójì chángtú yèwù.

杰 克:　那我应该怎么办?
Jiékè:　Nà wǒ yīnggāi zěnme bàn?

服务员:　买一张IP卡就行，很方便的。
Fúwùyuán:　Mǎi yì zhāng IP kǎ jiù xíng, hěn fāngbiàn de.

杰 克:　电话卡在什么地方可以买到③?
Jiékè:　Diànhuà kǎ zài shénme dìfang kěyǐ mǎi dào?

服务员:　邮局和小卖部都有。
Fúwùyuán:　Yóujú hé xiǎomàibù dōu yǒu.

杰 克:　您知道一分钟多少钱吗?
Jiékè:　Nín zhīdào yì fēnzhōng duōshao qián ma?

服务员:　一般来说④一分钟是三块钱，用IP卡打要便宜一些。
Fúwùyuán:　Yìbān lái shuō yì fēnzhōng shì sān kuài qián, yòng IP kǎ dǎ yào piányi yìxiē.

2

② "Verb +不通" means that the result of "通" cannot be achieved. The similar structures are "找不到", "说不好", "写不完" and etc. Such structures indicate the result of the action cannot be achieved.

③ Here, "Verb + 到" indicates the result through the action. Another examples are "看到一本好书", "学到很多东西".

④ "一般来说" is an inserting element, which indicates a general circumstance.

Jack:	Excuse me, I want to make an international call, why can't I get through?
Attendant:	The telephone in your room can't be used for international service.
Jack:	Then what shall I do?
Attendant:	You'd better buy an IP card. It is convenient.
Jack:	Where can I buy it?
Attendant:	The post offices and small shops all have it.
Jack:	Do you know how much it is per minute?
Attendant:	Generally speaking, it costs 3 kuai, but it is much cheaper by using the IP card.

● 根据情景2补全下面这段话。Complete the following paragraph according to the Scene 2.

杰克房间的电话现在_____。他可以买_____，
Jiékè fángjiān de diànhuà xiànzài　　　　　　　　　　Tā kěyǐ mǎi

很方便。电话卡在_____都可以_____。
hěn fāngbiàn. Diànhuà kǎ zài　　　　　　dōu kěyǐ

国际长途电话一般_____三块钱，_____要便宜一些。
Guójì chángtú diànhuà yìbān　　　　　sān kuài qián,　　　　　yào piányi yìxiē.

○ 有问有答。Ask and answer.

Ask	Answer
	您房间的电话没有开通国际长途业务。 Nín fángjiān de diànhuà méiyǒu kāitōng guójì chángtú yèwù.
	买一张IP卡就行，很方便。 Mǎi yì zhāng IP kǎ jiù xíng, hěn fāngbiàn.
电话卡在什么地方可以买到？ Diànhuà kǎ zài shénme dìfang kěyǐ mǎi dào?	
	一分钟三块钱左右。 Yì fēnzhōng sān kuài qián zuǒyòu.

(Julie is entering a restaurant.)

朱 丽： 您好，我问一下，您有没有看见一个蓝色的小本子？
Zhūlì: Nín hǎo, wǒ wèn yíxià, nín yǒu méiyǒu kàn jiàn yí ge lán sè de xiǎo běnzi?

服务员： 我没看见。
Fúwùyuán: Wǒ méi kàn jiàn.

朱 丽： 我刚才在这儿吃饭，走的时候忘了拿了，您能帮我
Zhūlì: Wǒ gāngcái zài zhèr chī fàn, zǒu de shíhou wàng le ná le, nín néng
找找吗？
bāng wǒ zhǎozhao ma?

服务员： 行，我帮你问问别人吧。
Fúwùyuán: Xíng, wǒ bāng nǐ wènwen biérén ba.

(The waitress comes back after asking other people.)

服务员： 您看看，这是您要找的东西吗？
Fúwùyuán: Nín kànkan, zhè shì nín yào zhǎo de dōngxi ma?

朱 丽： 就是这个！
Zhūlì: Jiù shì zhège!

服务员： 给您。
Fúwùyuán: Gěi nín.

朱 丽： 真是太感谢了！
Zhūlì: Zhēn shì tài gǎnxiè le!

服务员： 您别客气。
Fúwùyuán: Nín bié kèqi.

3

Julie: Hello! May I ask if you've found a blue notebook?
Waitress: Sorry, I didn't find one.
Julie: I had a meal here just now, and I forgot to take it when I was leaving. Could you help me look for it?
Waitress: OK. I will help you ask someone else.

Waitress: Please have a look. Is it what you are looking for?
Julie: That's it.
Waitress: Here you are.
Julie: Thank you so much.
Waitress: You are welcome.

○ 根据情景3判断正误。对的画✓，错的画✗。 **Make judgments according to Scene 3. Tick ✓ for true and ✗ for false.**

□ (1) 朱丽在找她的东西。
Zhūlì zài zhǎo tā de dōngxi.

□ (2) 朱丽刚才来这个地方吃饭了。
Zhūlì gāngcái lái zhège dìfang chī fàn le.

□ (3) 这个服务员看见了她的小本子。
Zhège fúwùyuán kàn jiàn le tā de xiǎo běnzi.

□ (4) 朱丽没找到她的东西。
Zhūlì méi zhǎo dào tā de dōngxi.

○ 有问有答。**Ask and answer.**

Ask	Answer
	没看见。 Méi kàn jiàn.
我走的时候忘了拿了，您帮我找找好吗？ Wǒ zǒu de shíhou wàng le ná le, nín bāng wǒ zhǎozhao hǎo ma?	
这是您要找的东西吗？ Zhè shì nín yào zhǎo de dōngxi ma?	
	别客气。 Bié kèqi.

活动 **A**ctivities

1. 语音练习 Pronunciation

学说绕口令。Learn to say the tongue twister.

妈妈种麻，我去放马。
Māma zhòng má, wǒ qù fàng mǎ.

马吃了麻，妈妈骂马。
Mǎ chī le má, māma mà mǎ.

Mother grows hemp, and I go to put the horses out to feed.

The horses eat the hemp, and mother scolds the horses.

给老师的提示：您可以组织学生进行简单的比赛，看谁说得又快又准。

2. 替换练习 Substitution

用表格右侧的词语替换句中画线的部分，说出完整的句子。Use the words on the right side to say several new and complete sentences.

(1) 我房间的<u>空调</u> <u>不制冷</u>。 Wǒ fángjiān de <u>kōngtiáo</u> <u>bú zhì lěng</u>.	灯、不亮了 light dēng, bú liàng le	电脑、坏了 diànnǎo, huài le	钥匙、丢了 yàoshi, diū le
(2) 请帮我<u>换</u>一下。 Qǐng bāng wǒ <u>huàn</u> yíxià.	修 xiū	拿 ná	打扫 dǎsǎo
(3) 为什么<u>打不通</u>? Wèi shénme <u>dǎ bù tōng</u>?	找、到 zhǎo, dào	修、好 xiū, hǎo	打、开 dǎ, kāi
(4) 您有没有看见一个<u>蓝色</u>的<u>小本子</u>? Nín yǒu méiyǒu kàn jiàn yí ge <u>lán sè</u> de <u>xiǎo běnzi</u>?	照相机 zhàoxiàngjī	钱包 purse qiánbāo	手机 shǒujī
(5) 我<u>走</u>的时候忘了<u>拿</u>了。 Wǒ <u>zǒu</u> de shíhou wàng le <u>ná</u> le.	去商店 qù shāngdiàn	下车 xià chē	出门 go out chū mén
(6) 您能帮我<u>找找</u>吗? Nín néng bāng wǒ <u>zhǎozhao</u> ma?	修修 xiūxiu	问问 wènwen	想想办法 xiǎngxiang bànfǎ
(7) 这种东西在什么地方可以<u>买</u>到? Zhè zhǒng dōngxi zài shénme dìfang kěyǐ <u>mǎi</u> dào?	见 jiàn	找 zhǎo	吃 chī

3. 看图说话 Look and Say

看看下面的图，说说他们遇到了什么麻烦。Look at the following pictures and say what difficulties they meet.

Example： 电冰箱坏了。 书找不到了。
Diànbīngxiāng huài le. Shū zhǎo bù dào le.

Word box

迷路 lose one's way mí lù	找不到 zhǎo bú dào

①

②

③

怎 么 办?

4. 双人活动 Pair Work

两人一组，给活动3图中遇到困难的人出出主意。如果他们请别人帮助的话应该说什么。 Work in pairs. Give advice to the persons in the above pictures. What will they say if asking for help?

给老师的提示：讨论结束后，您可以让各小组说说他们的想法，以达到全班交流的目的。

5. 小组活动 Group Work

调查班里的同学在留学生活中碰到过的困难，并给以后要留学的人提出建议和要注意的问题。 Make a survey of the difficulties your classmates met during their study abroad, and make a suggestion to the prospective students.

(1) 先在表格中简单填写一下自己的情况，然后调查一下其他同学。Fill in your own information in the table briefly and then make a survey of your classmates.

姓名 Name	有过什么困难 Difficulties met	怎么办 Resolutions

(2) 三四人一组讨论：什么情况最经常碰到？应该给以后要留学的人提出什么建议和要注意的问题？Discuss in a group of 3 or 4. What difficulties do you meet most often studying abroad and what suggestions will you make for prospective students.

Word box

帮 bāng	找 zhǎo	修 xiū	给……打电话 gěi... dǎ diànhuà

死机 (the computer is) not responding
sǐjī

- The more surveyed the better. The words in the word box may help you.

给老师的提示：
您可以规定完成任务的时间，并鼓励学生尽可能多调查几个人。学生讨论结束后，您还可以请一两位同学介绍一下他（她）调查到的情况和讨论结果，以达到全班交流的目的。

6. 模拟表演 Simulation

两人一组，每组选择两个情景，并根据所选的情景对话。 Work in pairs. Each pair chooses 2 situations and make up a dialog according to the situations.

● The words in the word box may help you.

Word box				
迷路 mí lù	忘 wàng	请问 qǐngwèn	劳驾 láojià	怎么办 zěnme bàn
急救emergent 电话 jíjiù diànhuà	过（河）across (the river) guò (hé)		河 river hé	船 boat, ship chuán

☐ A迷路了，不知道方向，所以找不到目的地。他（她）请B帮助。

A loses his/her way and cannot find the destination. He/She asks B for help.

☐ A骑自行车去玩，在路上自行车坏了，他（她）请B帮助。

A goes for a ride on a bicycle, but the bicycle breaks down on the road. He/She asks B for help.

☐ A坐出租车回家，他（她）发现自己的一个包没有了。包里有很重要的东西，如护照、银行卡等。他（她）跟B商量怎么办

A goes home by taxi. Then A finds that his/her bag is missing. There are important items in the bag, such as his/her passport, visa card and the like. He/she discusses what he/she will do with B.

☐ A要过河，可是看不见船，不知道怎么办，想请B帮助。

A wants to cross the river, but there is no boat. He/She asks B for help.

给老师的提示：
您也可以事先将A、B两人的任务做成卡片（在卡片上给出一些提示词或句子），分别发给两个同学，让他们根据自己的任务表演。

7. 成段表达 Expression

完整地讲述图片故事。 Look at the pictures carefully and tell a complete story.

Word box			
旅行 travel lǚxíng	受伤 hurt shòu shāng	严重 serious yánzhòng	当地人 local dāngdì rén
救护车 ambulance jiùhù chē	帮 bāng	上 shàng	车 chē

8. 看图交流 Look and Share Information

两人一组，一个人看图A，一个人看图B。请用汉语对图A和图B进行比较，看看你们的图有什么不一样。Work in pairs. One looks at picture A and the other, picture B. Use Chinese to describe your picture as much as possible, and then compare with your partner's.

A

浴室 bath room
yùshì

花洒 shower
huāsǎ

9. 常用语句 Useful Language

能 帮 我 一 下 吗？
Néng bāng wǒ yíxià ma?
Could you do me a favor?

写汉字 **C**hinese Characters

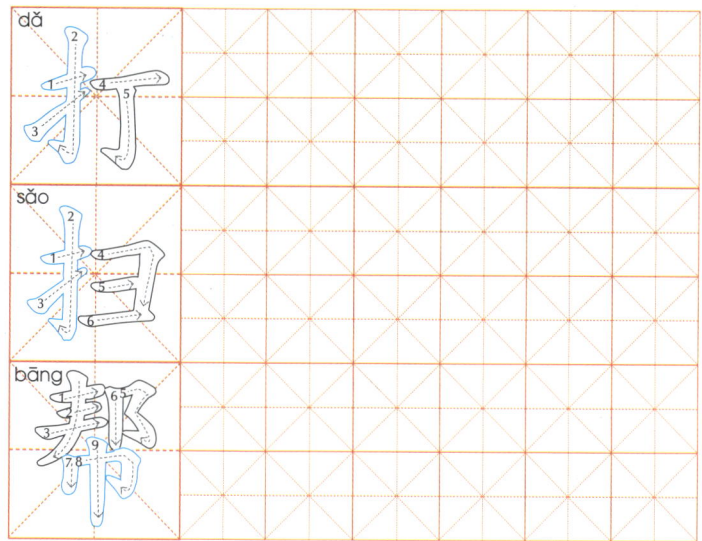

Unit 7

我有点儿不舒服
Wǒ yǒudiǎnr bù shūfu

I Don't Feel Very Well

目标 **O**bjectives

1 复习身体部位名称 *Review the words about parts of the body*
2 学会请假 *Learn to ask for a leave*
3 学习叙述一般的病状 *Learn to describe common health problems*
4 学会买药 *Learn to purchase medicine*

复习 **R**eview

Word box					
身体 shēntǐ	头 tóu	肚子 dùzi	嗓子 sǎngzi	腿 tuǐ	手 shǒu
脚 jiǎo	眼睛 yǎnjing	鼻子 bízi	耳朵 ěrduo	嘴 zuǐ	

1. 根据指令快速指出身体部位。**Follow the teacher's directions and point to that part of your body quickly.**

    Example: once the teacher says: "Tóu！", the students should point to their heads quickly.

2. 说说在下面的情况下你有什么感觉。**What are your feelings in the following situations?**

Word box			
疼 téng	发烧 fā shāo	累 lèi	舒服 shūfu

(1) 感冒
gǎnmào

(2) 跑步一个小时以后
pǎo bù yí ge xiǎoshí yǐhòu

(3) 用电脑三个小时以后
yòng diànnǎo sān ge xiǎoshí yǐhòu

(4) 打网球两个小时以后
dǎ wǎngqiú liǎng ge xiǎoshí yǐhòu

生词 **N**ew Words

1 脸色 complexion liǎnsè	2 浑身 all over (the body) húnshēn	3 劲（儿） energy jìn (r)
4 嗓子 throat sǎngzi	5 赶快 hurry gǎnkuài	6 度 degree dù
7 好好儿 in perfectly hǎohāor good condition	8 肚子 stomach dùzi	9 恶心 sick ěxin
10 难受 suffer pain nánshòu	11 拉肚子 diarrhea lā dùzi	12 同时 at the same time tóngshí
13 消化 digestion xiāohuà	14 开（药） prescribe (medicine) kāi (yào)	15 售货员 shop assistant shòuhuòyuán
16 治 cure zhì	17 症状 symptom zhèngzhuàng	18 流鼻涕 have a runny nose liú bítì
19 西药 Western medicine xīyào	20 中药 Chinese medicine zhōngyào	21 效果 effect xiāoguǒ
22 有效 effective yǒuxiào	23 药片 pill yàopiàn	24 冲剂 medicine to be taken chōngjì after being mixed with boiling water
25 包 pack bāo	26 盒 box hé	

Proper Name

银黄颗粒 Yinhuang Keli
Yínhuáng Kēlì

◉ 搭配词语。 Use the proper words you've learnt to match the words below.

脸色＿＿＿＿＿＿＿＿＿＿＿＿＿＿＿＿
liǎnsè

浑身＿＿＿＿＿＿＿＿＿＿＿＿＿＿＿＿
húnshēn

我有点儿不舒服

| 赶快 _____ | 好好儿 _____ |
| gǎnkuài | hǎohāor |

挺_____的
tǐng   de

句子 Sentences

1. 我有点儿不舒服。 I don't feel very well.
   Wǒ yǒudiǎnr bù shūfu.

2. 我想请假。 I'd like to ask for leave.
   Wǒ xiǎng qǐng jiǎ.

3. 我头疼。 I've got a headache.
   Wǒ tóuténg.

4. 我已经吃过感冒药了。 I've had some medicine for my cold.
   Wǒ yǐjīng chī guo gǎnmào yào le.

5. 从什么时候开始难受的? When did you start suffering from this?
   Cóng shénme shíhou kāishǐ nánshòu de?

6. 请问有没有治感冒的药? Excuse me, do you have any medicine for colds?
   Qǐngwèn yǒu méiyǒu zhì gǎnmào de yào?

7. 只要效果好就行。 Only if they are effective.
   Zhǐyào xiàoguǒ hǎo jiù xíng.

8. 这一盒能吃多长时间?
   Zhè yì hé néng chī duō cháng shíjiān?
   How long will one box of medicine last?

○ 把以上句子分类写入下面的表格。Classify the sentences above and write them in the table.

看病的人说的 Patients say	请假的人说的 Leave-askers say	买药的人说的 Medicine buyers say

双人活动　Pair Work

两人一组，每人以最快速度读一遍所有句子，并互相计时。看看全班谁用的时间最短。Work in pairs. Each reads all the sentences aloud at their fastest speed by turn and time each other. Who is the fastest reader?

Word box	分钟 fēnzhōng	秒 miǎo

情景 **S** cenes

朱　丽：　老师，我有点儿不舒服，我想请假。
Zhūlì:　Lǎoshī, wǒ yǒudiǎnr bù shūfu. wǒ xiǎng qǐng jià.

老　师：　你脸色不好，怎么了？
Lǎoshī:　Nǐ liǎnsè bù hǎo, zěnme le?

朱　丽：　我头疼，浑身没劲儿。
Zhūlì:　Wǒ tóuténg, húnshēn méi jìnr.

老　师：　是不是感冒了？
Lǎoshī:　Shì bú shì gǎnmào le?

朱　丽：　是。嗓子也疼。
Zhūlì:　Shì. Sǎngzi yě téng.

老　师：　那赶快去医院看看吧。
Lǎoshī:　Nà gǎnkuài qù yīyuàn kànkan ba.

朱　丽：　我已经吃过感冒药了。
Zhūlì:　Wǒ yǐjīng chī guo gǎnmào yào le.

老　师：　发烧不发烧？
Lǎoshī:　Fā shāo bù fā shāo?

朱　丽：　有点儿发低烧①，三十七度五。
Zhūlì:　Yǒudiǎnr fā dīshāo, sānshí qī dù wǔ.

老　师：　那快回去好好儿休息吧。
Lǎoshī:　Nà kuài huí qù hǎohāor xiūxi ba.

1

① Generally speaking, a low fever refers to the body temperature being below 38°C, and a high fever being over 38°C.

Julie: Miss, I don't feel very well. I'd like to ask for leave.
Teacher: You don't look well. What's the matter with you?
Julie: I've got a headache and feel very weak.
Teacher: Did you catch a cold?
Julie: Yeah. I also have a sore throat.
Teacher: Go to hospital quickly.
Julie: I've had some medicine for my cold.
Teacher: Do you have a fever?
Julie: I've had a low fever, 37.5°C.
Teacher: Go home and have a good rest.

我有点儿不舒服

● 根据情景1补全下面这段话。**Complete the following paragraph according to Scene 1.**

朱丽今天有点儿＿＿＿＿＿＿＿，她想＿＿＿＿＿＿＿。她＿＿＿＿＿＿＿，
Zhūlì jīntiān yǒudiǎnr   tā xiǎng   Tā

＿＿＿＿＿＿＿，＿＿＿＿＿＿＿，脸色也不好。她还有点儿＿＿＿＿＿＿＿，
                                    liǎnsè yě bù hǎo. Tā hái yǒudiǎnr

体温 (body temperature)＿＿＿＿＿＿＿。
tǐwēn

● 有问有答。**Ask and answer.**

Ask	Answer
你怎么了？ Nǐ zěnme le?	
你发烧不发烧？ Nǐ fā shāo bù fā shāo?	
	我已经吃过药了。 Wǒ yǐjīng chī guo yào le.
	好吧，你回去好好儿休息吧。 Hǎo ba, nǐ huí qù hǎohāor xiūxi ba.

医　生：　你哪儿不舒服？
Yīshēng:　Nǐ nǎr bù shūfu?

杰　克：　我肚子疼，还有点儿恶心。
Jiékè:　Wǒ dùzi téng, hái yǒudiǎnr ěxin.

医　生：　从什么时候开始难受的？
Yīshēng:　Cóng shénme shíhou kāishǐ nánshòu de?

杰　克：　昨天晚上。
Jiékè:　Zuótiān wǎnshang.

医　生：　你晚饭吃什么了？
Yīshēng:　Nǐ wǎnfàn chī shénme le?

杰　克：　吃了很多东西，有羊肉、西瓜什么的②，还喝了点儿啤酒。
Jiékè:　Chī le hěn duō dōngxi, yǒu yáng ròu, xīguā shénmede, hái hē le diǎnr píjiǔ.

医　生：　拉肚子吗？
Yīshēng:　Lā dùzi ma?

杰　克：　有一点儿。
Jiékè:　Yǒu yìdiǎnr.

医　生：　你不能同时吃这些东西，不消化。我给你开点儿药吧。
Yīshēng:　Nǐ bù néng tóngshí chī zhèxiē dōngxi, bù xiāohuà. Wǒ gěi nǐ kāi diǎnr yào ba.

> ② "……什么的" used after one or several parallel elements in a sentence, means *and so on*. E.g. 我想买点儿面包、矿泉水什么的。/ 苹果、葡萄、西瓜什么的，我都爱吃。

2

Doctor:	What's the matter with you?
Jack:	I've got a stomach ache and I feel sick.
Doctor:	When did you start suffering from this?
Jack:	Since last night.
Doctor:	What did you have during yesterday's dinner?
Jack:	I ate a lot of food, lamb, watermelon and the like, and I also drank some beer.
Doctor:	Did you suffer from diarrhea?
Jack:	A little.
Doctor:	You can't eat these at the same time. You can't digest them. I will prescribe some medicines.

○ 根据情景2判断正误。对的画✓，错的画✗。**Make judgments according to Scene 2. Mark ✓ for true and ✗ for false.**

☐ (1) 杰克有点儿恶心。
　　　Jiékè yǒudiǎnr ěxin.

☐ (2) 他是今天晚上开始难受的。
　　　Tā shì jīntiān wǎnshang kāishǐ nánshòu de.

☐ (3) 他吃了很多东西。
　　　Tā chī le hěn duō dōngxi.

☐ (4) 他不拉肚子。
　　　Tā bù lā dùzi.

☐ (5) 同时吃这些东西，不消化。
　　　Tóngshí chī zhèxiē dōngxi, bù xiāohuà.

○ 有问有答。**Ask and answer.**

Ask	Answer
	我肚子疼，还有点儿恶心。 Wǒ dùzi téng, hái yǒudiǎnr ěxin.
	从昨天晚上开始难受的。 Cóng zuótiān wǎnshang kāishǐ nánshòu de.
拉肚子吗？ Lā dùzi ma?	
你晚饭吃什么了？ Nǐ wǎnfàn chī shénme le?	

朱　丽：	请问有没有治感冒的药？
Zhūlì:	Qǐngwèn yǒu méiyǒu zhì gǎnmào de yào?
售货员：	有。你有什么症状啊？
Shòuhuòyuán:	Yǒu. Nǐ yǒu shénme zhèngzhuàng ā?
朱　丽：	嗓子疼，流鼻涕。
Zhūlì:	Sǎngzi téng, liú bítì.
售货员：	你要西药还是③中药？
Shòuhuòyuán:	Nǐ yào xīyào háishi zhōngyào?
朱　丽：	都可以。只要效果好就行。
Zhūlì:	Dōu kěyǐ. Zhǐyào xiàoguǒ hǎo jiù xíng.

③ "还是" is usually used for an alternative question, and it can be placed between two choices. E.g. 你要茶还是咖啡？

3

售货员：　那你买银黄颗粒吧。这是中药。
Shōuhuòyuán:　Nà nǐ mǎi Yínhuáng Kēlì ba. Zhè shì zhōngyào.

朱　丽：　效果怎么样？
Zhūlì:　Xiàoguǒ zěnmeyàng?

售货员：　挺好的，治疗一般的感冒很有效。
Shōuhuòyuán:　Tǐng hǎo de, Zhìliáo yìbān de gǎnmào hěn yǒuxiào.

朱　丽：　是药片吗？
Zhūlì:　Shì yàopiàn ma?

售货员：　不是，是冲剂。一次一到两包④。
Shōuhuòyuán:　Bú shì, shì chōngjì. Yí cì yī dào liǎng bāo.

朱　丽：　这一盒能吃多长时间？
Zhūlì:　Zhè yì hé néng chī duō cháng shíjiān?

售货员：　一个星期。
Shōuhuòyuán:　Yí ge xīngqī.

朱　丽：　好吧，要一盒。
Zhūlì:　Hǎo ba, yào yì hé.

> ④ Here "到" means *to*. "到" used between two numbers indicates the range of amount or time. E.g. 每个班有十到十五人。/ 我每天学习三到五个小时。

Julie:	Excuse me, do you have any medicine for colds?
Shop assistant:	Yes, we have. What symptoms do you have?
Julie:	I have a sore throat and a running nose.
Shop assistant:	Do you prefer Western medicine or Chinese medicine?
Julie:	Both are alright only if they are effective.
Shop assistant:	You can buy Yinhuang Keli, which is Chinese medicine.
Julie:	How is it?
Shop assistant:	Pretty good. It's very effective for an ordinary cold.
Julie:	Are they tablets?
Shop assistant:	No, they are to be taken after being mixed with boiling water. You should take one or two packs a time.
Julie:	How long will one box of medicine last?
Shop assistant:	About a week.
Julie:	Alright, I want one box.

● 根据情景3回答问题。Answer questions according to Scene 3.

(1) 朱丽想买什么药？
Zhūlì xiǎng mǎi shénme yào?

(2) 她怎么了？
Tā zěnme le?

(3) 她买了什么药？
Tā mǎi le shénme yào?

(4) 这种药怎么样？
Zhè zhǒng yào zěnmeyàng?

(5) 这种药怎么吃？
Zhè zhǒng yào zěnme chī?

○ 画线连接，组成对话。**Draw lines to complete the dialogs.**

(1) 请问有没有治感冒的药？
Qǐngwèn yǒu méiyǒu zhì gǎnmào de yào?

(2) 你有什么症状？
Nǐ yǒu shénme zhèngzhuàng?

(3) 您要中药还是西药？
Nín yào zhōngyào háishi xīyào?

(4) 效果怎么样？
Xiàoguǒ zěnmeyàng?

(5) 一次吃多少？
Yí cì chī duōshao?

a 都可以，只要效果好就行。
Dōu kěyǐ, zhǐyào xiàoguǒ hǎo jiù xíng.

b 挺好的。
Tǐng hǎo de.

c 一次一到两包。
Yí cì yī dào liǎng bāo.

d 有，请到这边来。
Yǒu, qǐng dào zhè biān lái.

e 我嗓子疼。
Wǒ sǎngzi téng.

活动 **A**ctivities

1. 语音练习 Pronunciation

两人一组，A随便说出每一组里的一个词语，B用✓标出同伴所说的词语。**Work in pairs. A chooses words from each pair and reads them aloud. B Marks ✓ for the words your partner reads.**

(1) □ 药 yào
□ 腰 waist yāo

(2) □ 嗓子 sǎngzi
□ 馓子 fried dough twist sǎnzi

(3) □ 肚子 dùzi
□ 兔子 rabbit tùzi

(4) □ 哪儿 nǎr
□ 那儿 nàr

(5) □ 消化 xiāohuà
□ 小花 xiǎo huā

(6) □ 多长 duō cháng
□ 都长 dōu cháng

(7) □ 一般 yìbān
□ 一班 yī bān

(8) □ 效果 xiàoguǒ
□ 小果 small fruit xiǎo guǒ

(9) □ 挺好的 tǐng hǎo de
□ 听好的 tīng hǎo de

给老师的提示：
您可以让A也在自己说的词前面的"□"里标上✓，练习完成后请A和B一起校对一下他们标的是否一样。

2. 替换练习 Substitution

用表格右侧的词语替换句中画线的部分，说出完整的句子。Use the words on the right side to say several new and complete sentences.

(1) 我有点儿不舒服。 Wǒ yǒudiǎnr bù shūfu.	发烧 fā shāo	恶心 ěxin	想吐 vomit xiǎng tù
(2) 我头疼。 Wǒ tóuténg.	腿疼 tuǐ téng	眼睛疼 yǎnjing téng	肚子不舒服 dùzi bù shūfu
(3) 我已经吃过感冒药了。 Wǒ yǐjīng chī guo gǎnmào yào le.	去、医院 qù, yīyuàn	问、大夫 wèn, dàifu	打、针 needle dǎ, zhēn
(4) 请问有没有治感冒的药? Qǐngwèn yǒu méiyǒu zhì gǎnmào de yào?	拉肚子 lā dùzi	嗓子疼 sǎngzi téng	头疼 tóuténg
(5) 只要效果好就行。 Zhǐyào xiàoguǒ hǎo jiù xíng.	有效 yǒuxiào	能治好 néng zhì hǎo	吃点儿药 chī diǎnr yào
(6) 你是不是感冒了? Nǐ shì bù shì gǎnmào le?	不舒服 bù shūfu	不消化 bù xiāohuà	生病 fall ill shēng bìng
(7) 我吃了很多东西，有 Wǒ chī le hěn duō dōngxi, yǒu 羊肉、西瓜什么的。 yáng ròu, xīguā shénmede.	买了一些衣服、裤子、T恤 mǎi le yìxiē yīfu, kùzi, T-xù 去了很多地方、故宫、长城 qù le hěn duō dìfang, Gù Gōng, Cháng Chéng		

3. 看图学词语 Look and Learn Words

(1) 在图上标出下列部位名称。Write the names of parts of the human body on the following pictures.

Word box			
腰 waist yāo	胃 stomach wèi	胳膊 arm gēbo	脖子 neck bózi
肩膀 shoulder jiānbǎng	牙 teeth yá	指头 finger zhǐtou	

(2) 把下列词语写在相关图片的旁边。

Write the proper words next to the following pictures.

Word box	
检查 check jiǎnchá	痛苦 pain tòngkǔ
咳嗽 cough késou	量体温 measure body temperature liáng tǐwēn

①

②

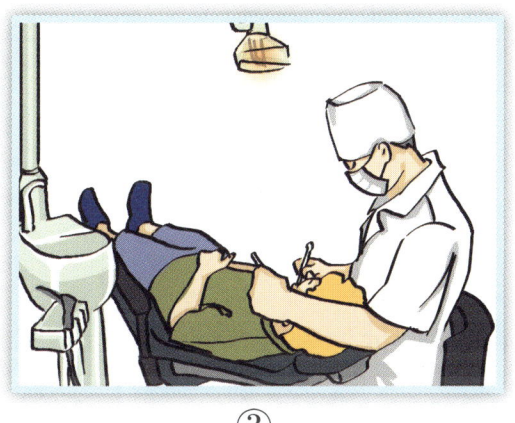
③

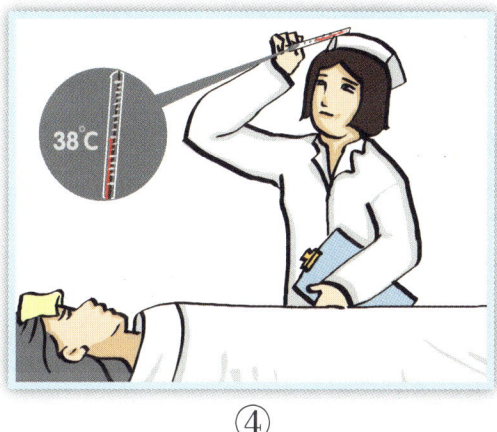
④

4. 双人活动 Pair Work

两人一组，和同伴一起说说活动3图2中每个人的情况。看看哪个组说的句子最多。Work in pairs. Discuss with your partner about each person's condition on the Picture 2, Activity 3. Which group speaks the most sentences?

5. 小组活动 Group Work

三人一组，给活动3图2中的病人出出主意。Work in a group of 3. Give advice to the patients on the Picture 2, Activity 3.

(1) 说说他们现在应该怎么办，要注意什么，并把你们说的内容记录在表格里。Discuss what they should do and pay attention to. Note down what you discuss in the table.

(2) 跟旁边的小组交流一下，看看他们有什么更好的想法。Share ideas with other groups. Look at what better ideas they have.

(3) 报告你们讨论的结果。Present your discussion results.

Word box		
看病 kàn bìng	打针 dǎzhēn	住院 stay in a hospital zhùyuàn

患者 Patients	他（她）现在应该怎么办 What he/she should do	他（她）要注意什么 What he/she should pay atlention to
咳嗽的人		

6. 模拟表演 Simulation

两人一组，每组选择两个情景表演对话。Work in pairs. Each pair chooses 2 situations and makes dialogs respectively.

● The follow-
ing sentences
may help you.

不要紧 important，休息一会儿就好了。
Bú yàojǐn,　　　　xiūxi yíhuìr jiù hǎo le.

请一个小时假。
Qǐng yí ge xiǎoshí jià.

疼多长时间了？
Téng duō cháng shíjiān le?

☐ A看见B受伤 (hurt) 了。
A kàn jiàn B shòu shāng le.

☐ A生病了，去B那儿看病。
A shēng bìng le, qù B nàr kàn bìng.

☐ A不舒服，找B请假。
A bù shūfu, zhǎo B qǐng jià.

☐ A不舒服，去B那儿买药。
A bù shūfu, qù B nàr mǎi yào.

给老师的提示：
您可以先让两个口语比较好的学生和您一起示范一下。

7. 成段表达 Expression

图中是留学生比尔昨天的情况。他今天不能继续参观游览了。请你替他跟老师说说他的情况，并帮他请假。要求说得详细一些。The pictures show what happened to Bill yesterday and why he can't go sightseeing any more. You have to tell the teacher about Bill's current state and ask for a leave for him. Try your best to detail your description.

Word box

中暑 heat stroke
zhōngshǔ

8. 看图交流 Look and Share Information

两人一组，一个人看图A，一个人看图B。请用汉语对图A和图B进行比较，看看你们的图有什么不一样。Work in pairs. One looks at picture A and the other, picture B. Use Chinese to describe your picture as much as possible, and then compare with your partner's.

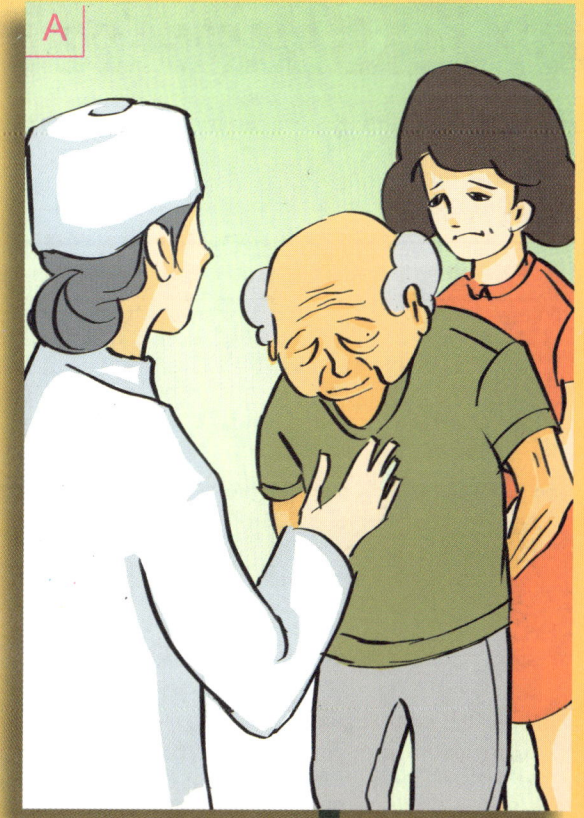

9. 常用语句 Useful Language

一天三次，一次两片。
Yì tiān sān cì, yí cì liǎng piàn.
Take two pills a time and three times a day.

B

写汉字 Chinese Characters

dù 肚

téng 疼

yào 药

● Next lesson requires you prepare 1 or 2 photos taken in China, or a short introduction to your Chinese study. Bring them to the class.

把这个借我用用,可以吗?

Bǎ zhège jiè wǒ yòngyong, kěyǐ ma?

Could You Lend This to Me?

目标 Objectives

1 复习日用品的名称和表示趋向的动词 Review the names of daily articles and verbs indicating directions

2 学会借东西 Learn to borrow things

3 学会提出请求 Learn to make requests

给老师的提示：这一课的活动5需要您和学生在课前准备一些工具和资料。请提醒学生提前准备,上课时带来。

复习 Review

1. 说出图中每个物品的名称。Say the names of the following items.

2. 说说符合图片意思的是哪个词？ **Say which words are suitable to the meanings of the pictures.**

(1) □进来　　　　□进去
　　 jìn lái　　　　 jìn qù

(2) □出来　　　　□出去
　　 chū lái　　　　 chū qù

(3) □上来　　　　□上去
　　 shàng lái　　　　 shàng qù

(4) □过来　　　　□过去
　　 guò lái　　　　 guò qù

生词 New Words

1 好听 pleasant to hear hǎotīng	2 首 measure word for songs shǒu	3 著名 famous zhūmíng
4 民歌 folk song míngē	5 把 preposition word bǎ	6 歌词 words of a song gēcí
7 节目 performance jiémù	8 女生 schoolgirl nǔshēng	9 舞蹈 dance wǔdǎo
10 套 measure word, set tào	11 服装 costume, dress fúzhuāng	12 对面 opposite duìmiàn
13 租 rent zū	14 风景 scenery fēngjǐng	15 合影 a group picture héyǐng
16 小伙子 young man xiǎohuǒzi	17 靠近 be close to kàojìn	18 塔 pagoda tǎ
19 横 horizontal héng	20 竖 vertical shù	21 半身 the upper half of the body bàn shēn
22 哎呀 interjection āiyā	23 闭 shut bì	
Proper Name		
藏族 the Zang nationality Zàngzú		

画线连接。**Draw lines to match.**

一套　　　一个　　　一首　　　一张
yí tào　　　yí ge　　　yì shǒu　　　yì zhāng

服装　　合影　　民歌　　小伙子　　节目　　女生　　舞蹈　　塔
fúzhuāng　héyǐng　míngē　xiǎohuǒzi　jiémù　nǔshēng　wǔdǎo　tǎ

搭配词语。**Use the proper words you've learnt to match the words below.**

_____好听　　　　　_____对面
　　　　　　　　　　　hǎotīng　　　　　　　　　　　　　　duìmiàn

租_____　　　　　闭_____
zū　　　　　　　　　　　　　　　bì

句子 Sentences

1. 您把这张CD借给我用用，可以吗？ Could you lend me this CD?
   Nín bǎ zhè zhāng CD jiè gěi wǒ yòngyong, kěyǐ ma?

2. 你拿走吧。 Take it.
   Nǐ ná zǒu ba.

3. 您可以帮我写一下拼音吗？ Could you write Pinyin for me?
   Nín kěyǐ bāng wǒ xiě yíxià pīnyīn ma?

4. 咱们应该照一张合影。 Let's take a group picture.
   Zánmen yīnggāi zhào yì zhāng héyǐng.

5. 帮我们照张相，好吗？ Could you take a picture for us?
   Bāng wǒmen zhào zhāng xiàng, hǎo ma?

6. 请您一定把后面的那个塔照进去。
   Qǐng nín yídìng bǎ hòumiàn de nàge tǎ zhào jìn qù.

   Please be sure to include the pagoda in the background in the picture.

7. 给我们照半身的吧。 Take the upper half of the bodies only.
   Gěi wǒmen zhào bàn shēn de ba.

8. 麻烦您再照一张吧。
   Máfan nín zài zhào yì zhāng ba.
   Could I bother you to give us one more shot?

89

把这个借我用用，可以吗？

○ 遇到下列情况时，你说什么？ **What might you say in the following situations?**

(1) 你想知道汉字的拼音，请老师帮你写。
Nǐ xiǎng zhīdào Hànzì de pīnyīn, qǐng lǎoshī bāng nǐ xiě.

> ● Use the sentences you just learnt.

(2) 你们想照合影，请老师帮你们。
Nǐmen xiǎng zhào héyǐng, qǐng lǎoshī bāng nǐmen.

(3) 你要借CD。
Nǐ yào jiè CD.

(4) 你同意借。
Nǐ tóngyì jiè.

(5) 告诉朋友想照合影。
Gàosu péngyou xiǎng zhào héyǐng.

(6) 你想照半身的像。
Nǐ xiǎng zhào bàn shēn de xiàng.

(7) 第一张照得不好，想照第二张。
Dì-yī zhāng zhào de bù hǎo, xiǎng zhào dì-èr zhāng.

(8) 请人帮你照相的时候，你喜欢一个塔，想照进去。
Qǐng rén bāng nǐ zhào xiàng de shíhou, nǐ xǐhuan yí ge tǎ, xiǎng zhào jìn qù.

情景 Scenes

杰 克： 老师，这首歌真好听！
Jiékè: Lǎoshī, zhè shǒu gē zhēn hǎotīng!

老 师： 这是一首很著名的中国民歌。
Lǎoshī: Zhè shì yì shǒu hěn zhùmíng de Zhōngguó míngē.

杰 克： 您把这张CD借给我用用①，可以吗？我想学一学。
Jiékè: Nín bǎ zhè zhāng CD jiè gěi wǒ yòngyong, kěyǐ ma? Wǒ xiǎng xué yī xué.

老 师： 行，你拿走②吧。
Lǎoshī: Xíng, nǐ ná zǒu ba.

杰 克： 我想在下星期的晚会上唱这首歌。
Jiékè: Wǒ xiǎng zài xià xīngqī de wǎnhuì shàng chàng zhè shǒu gē.

老 师： 好啊，那把这张歌词也给你。
Lǎoshī: Hǎo ā, nà bǎ zhè zhāng gēcí yě gěi nǐ.

杰 克： 老师，有的字我不认识，您可以帮我写一下拼音吗？
Jiékè: Lǎoshī, yǒude zì wǒ bú rènshi, nín kěyǐ bāng wǒ xiě yíxià pīnyīn ma?

老 师： 当然可以。朱丽，你打算表演什么节目？
Lǎoshī: Dāngrán kěyǐ. Zhūlì, nǐ dǎsuàn biǎoyǎn shénme jiémù?

朱 丽： 我要跟别的女生一起跳舞。
Zhūlì: Wǒ yào gēn biéde nǚshēng yìqǐ tiào wǔ.

老 师： 什么舞呀？
Lǎoshī: Shénme wǔ ya?

1

90

朱 丽： 藏族舞蹈。您能帮我借一套藏族的服装吗？
Zhūlì： Zàngzú wǔdǎo. nín néng bāng wǒ jiè yí tào Zàngzú de fúzhuāng ma?

老 师： 学校对面有一家卖舞蹈服装的商店，在那儿可以租到。
Lǎoshī： Xuéxiào duìmiàn yǒu yì jiā mài wǔdǎo fúzhuāng de shāngdiàn, zài nǎr kěyǐ zū dào.

朱 丽： 那我下课以后去看看。
Zhūlì： Nà wǒ xià kè yǐhòu qù kànkan.

① This is a "把" sentence. A "把" sentence is used to show the action done upon something or someone (the object of "把") or to indicate the effect or result of the action. E.g. 请把书给我。 (Please pass the book to me.) / 他的表演把我们都感动了。 (His performance makes us touched.)
② Here "走" means *leave, go away*. "verb +走" indicates an action makes something or someone go away. E.g. 你把这本书带走吧。/ 我妹妹把自行车骑走了。

Jack:	Miss, this song sounds very pleasant.
Teacher:	This is a very famous Chinese folk song.
Jack:	Could you lend me this CD? I want to learn this song.
Teacher:	OK. Take it.
Jack:	I'd like to sing the song on the evening party next week.
Teacher:	Wonderful. I'll give you the lyrics too.
Jack:	Miss, I can't recognize some characters. Could you write Pinyin for me?
Teacher:	Sure. Julie, what will you perform?
Julie:	I will dance with some other girls.
Teacher:	What kind of dance?
Julie:	The dance of the Zang nationality. Could you help me lend the dresses of the Zang nationality?
Teacher:	There is a store, where a lot of dresses for dancing are being rented.
Julie:	Then I will go and have a look after class.

○ 根据情景1回答问题。 **Answer the questions according to Scene 1.**

(1) 杰克为什么借老师的CD？
Jiékè wèi shénme jiè lǎoshī de CD?

(2) 老师把什么给了杰克？
Lǎoshī bǎ shénme gěi le Jiékè?

(3) 有些汉字杰克不认识，怎么办？
Yǒuxiē Hànzì Jiékè bú rènshi, zěnme bàn?

(4) 朱丽打算表演什么节目？
Zhūlì dǎsuàn biǎoyǎn shénme jiémù?

(5) 朱丽没有藏族服装，怎么办？
Zhūlì méiyǒu Zàngzú fúzhuāng, zěnme bàn?

○ 有问有答。 **Ask and answer.**

Ask	**Answer**
请把这张CD借我用用，可以吗？ Qǐng bǎ zhè zhāng CD jiè wǒ yòngyong, kěyǐ ma?	
	卖舞蹈服装的商店可以租到。 Mài wǔdǎo fúzhuāng de shāngdiàn kěyǐ zū dào.
	可以。我给你写在本子上吧。 Kěyǐ. Wǒ gěi nǐ xiě zài běnzi shàng ba.
可以把这张歌词给我吗？ Kěyǐ bǎ zhè zhāng gēcí gěi wǒ ma?	

(In a park.)

李 静: 这儿的风景真不错！
Lǐ Jìng: Zhèr de fēngjǐng zhēn búcuò!

杰 克: 是啊！咱们应该照一张合影。
Jiékè: Shì ā! Zánmen yīnggāi zhào yì zhāng héyǐng.

李 静: 那得找个人帮咱们照。就找那个小伙子吧。
Lǐ Jìng: Nà děi zhǎo ge rén bāng zánmen zhào. Jiù zhǎo nàge xiǎohuǒzi ba.

杰 克: 好。
Jiékè: Hǎo

(Jack is heading to a Chinese young man.)

杰 克: 先生，帮我们照张相，好吗？
Jiékè: Xiānsheng, bāng wǒmen zhào zhāng xiàng, hǎo ma?

小伙子: 可以。请靠近一点儿。
Xiǎohuǒzi: Kěyǐ. Qǐng kàojìn yìdiǎnr.

杰 克: 先生，请您一定把后面的那个塔照进去③。
Jiékè: Xiānsheng, qǐng nín yídìng bǎ hòumiàn de nàge tǎ zhào jìn qù.

小伙子: 好的。要横着照④还是竖着照？
Xiǎohuǒzi: Hǎo de. Yào héng zhe zhào háishi shù zhe zhào?

李 静: 都行。给我们照半身的吧。
Lǐ Jìng: Dōu xíng. Gěi wǒmen zhào bàn shēn de ba.

2

小伙子: 好。准备——一、二、三！
Xiǎohuǒzi: Hǎo. Zhǔnbèi —— yī, èr, sān!

杰 克: 好了吗？
Jiékè: Hǎo le ma?

小伙子: 好了。你们看行不行？
Xiǎohuǒzi: Hǎo le. Nǐmen kàn xíng bù xíng?

李 静: 哎呀，我闭眼了！
Lǐ Jìng: Āiyā, wǒ bì yǎn le!

杰 克: 那麻烦您再照一张吧。
Jiékè: Nà máfan nín zài zhào yì zhāng ba.

小伙子: 没问题。
Xiǎohuǒzi: Méi wèntí.

③ "Verb + 进去" indicates that the action makes something or someone enter from outside to inside. For example, "照进去" indicates the action of taking photos makes the images into pictures. "把书放进去" indicates the action of putting books makes the books in the bookcase. And other examples are "走进去"，"掉进去".
④ Here "verb + 着" is used to describe the manner of another action. E.g. 走着去, 爬着过去.

Li Jing:	This scenery is very beautiful!
Jack:	Yeah. Let's take a group picture.
Li Jing:	So let's find a guy and let him take a picture for us. How about that young man?
Jack:	OK.
Jack:	Mister, could you take a picture for us?
The young man:	Sure. Please get closer.
Jack:	Mister, please be sure to include the pagoda in the background in the picture.
The young man:	OK. Do you want your picture horizontal or vertical?
Li Jing:	Either is OK. Take the upper half of the bodies only.
The young man:	OK. Are you ready? One, two, three!
Jack:	Done?
The young man:	Yeah. You can check it.
Li Jing:	Ah, I closed my eyes.
Jack:	Could I bother you to give us one more shot?
The young man:	No problem.

○ 根据情景2回答问题。**Answer the questions according to Scene 2.**

(1) 他们找那个小伙子做什么？
Tāmen zhǎo nàge xiǎohuǒzi zuò shénme?

(2) 杰克想把什么照进去？
Jiékè xiǎng bǎ shénme zhào jìn qù?

(3) 李静想横着照还是竖着照？
Lǐ Jìng xiǎng héng zhe zhào háishi shù zhe zhào?

(4) 为什么再照一张？
Wèi shénme zài zhào yì zhāng?

○ 画线连接，组成对话。**Draw lines to complete the dialogs.**

(1) 先生，请您帮我们照张像，行吗？
Xiānsheng, qǐng nín bāng wǒmen zhào zhāng xiàng, xíng ma?

a 好了。
Hǎo le.

(2) 要横着照还是竖着照？
Yào héng zhe zhào háishì shù zhe zhào?

b 好。
Hǎo.

(3) 照好了吗？
Zhào hǎo le ma?

c 行。准备——一、二、三！
Xíng. Zhǔnbèi —— yī, èr, sān!

(4) 麻烦您再照一张吧。
Máfan nín zài zhào yì zhāng ba.

d 竖着照吧。
Shù zhe zhào ba.

活动 **A**ctivities

1. 语音练习 Pronunciation

根据不同的声调把词语分类填入表中。**Classify the words according to different tones and write them in the table.**

好吃	都行	词典	著名	好听	游泳
对面	合影	靠近	拿走	歌词	照相

`´ + ˋ`	`ˋ + -`	`´ + ˋ`	`- + ´`	`- + ˇ`
	好吃			

2. 替换练习 Substitution

用表格右侧的词语替换句中画线的部分，说出完整的句子。 Use the words on the right side to say several new and complete sentences.

(1) 您把这张CD借给我用用，可以吗? Nín bǎ zhè <u>zhāng CD</u> jiè gěi wǒ yòngyong, kěyǐ ma?	支、笔 zhī, bǐ		辆、自行车 liàng, zìxíngchē	本、词典 běn, cídiǎn
(2) 你拿走吧。 Nǐ <u>ná</u> zǒu ba.	带 dài		搬 move bān	抬 lift tái
(3) 您可以帮我写一下拼音吗? Nín kěyǐ bāng wǒ <u>xiě yíxià pīnyīn</u> ma?	买一瓶水 mǎi yì píng shuǐ 拿一下箱子 suitcase ná yíxià xiāngzi		递 pass 一下那本书 dì yíxià nà běn shū	
(4) 帮我们照张相，好吗? Bāng wǒmen <u>zhào zhāng xiàng</u>, hǎo ma?	租一辆车 zū yí liàng chē 擦 wipe 一下桌子 cā yíxià zhuōzi		找个导游 tourist guide zhǎo ge dǎoyóu	
(5) 请您把后面的那个塔照进去。 Qǐng nín bǎ <u>hòumiàn de nàge tǎ</u> zhào jìn qù.	这些花 zhèxiē huā		这个房子 zhège fángzi	那边的山 nà biān de shān
(6) 给我们照半身的吧。 Gěi wǒmen zhào <u>bàn shēn de</u> ba.	全身的 quánshēn de 近一点儿的 jìn yìdiǎnr de		远一点儿的 yuǎn yìdiǎnr de	
(7) 麻烦您再照一张。 Máfan nín <u>zài zhào yì zhāng</u>.	给我再换一件 gěi wǒ zài huàn yí jiàn 把那个笔递给我 bǎ nàge bǐ dì gěi wǒ		再说一遍 zài shuō yí biàn	
(8) 竖着照吧。 <u>Shù</u> zhe <u>zhào</u> ba.	横、照 héng, zhào		走、去 zǒu, qù	坐、回答 zuò, huídá

3. **看图说话 Look and Say**

根据每幅图片说一句话。Say a sentence according to each picture.

Example: 他走过去了。
Tā zǒu guò qù le.

①

②

③

④

4. **双人活动 Pair Work**

(1) 请同伴帮你做三件事。Ask your partner for 3 favors.

Example: a. 请帮我把那本书递过来，好吗？
　　　　Qǐng bāng wǒ bǎ nà běn shū dì guò lái, hǎo ma?

　　　　b. 麻烦你帮我把词典放在他的桌子上。
　　　　Máfan nǐ bāng wǒ bǎ cídiǎn fàng zài tā de zhuōzi shàng.

● The words in the word box may help you.

Word box			
涂改液 correction fluid túgǎi yè	橡皮 rubber eraser xiàngpí	电子词典 diànzǐ cídiǎn	
拿 ná	递 dì	搬 bān	放 fàng

(2) 找一个新同伴，向他（她）借两件东西。Find another partner and borrow 2 items from him/her.

给老师的提示：
学生借完东西之后，您还可以请两三个人说说他（她）借了什么，或他（她）把什么东西借给别人了。

5. 全班活动 Class Work

先由三四个人一组，准备一些汉语学习的材料，然后全班以"学习汉语"为主题，出一期墙报。Work in a group of 3 or 4 to collect some materials about learning Chinese. Then have the whole class make a bulletin under the theme of "Learning Chinese".

要求：在准备的时候必须用汉语借东西、请别人帮助、告诉别人做什么。Requirements: In preparing materials you should use Chinese to borrow something, ask someone's favor and advise someone to do something.

课前的准备：Before-class preparations:

老师：胶棒、彩笔、很大的纸、A4纸、小刀、关于中国的照片或图片、中国地图、教学图片、短诗、绕口令等。Teacher: glue stick, color pens, large paper, A4 paper, knife, photos or pictures of China, map of China, teaching pictures, short poems, tongue twisters etc.

学生：自己在中国的照片或介绍自己学汉语的情况的一段话。Students: your photos in China or a paragraph introducing your Chinese learning.

步骤：Steps:

(1) 每个组向老师借一些需要的工具和材料。Each group borrows some tools from the teacher.

(2) 每个组用彩笔写这课生词的卡片（每个组写一部分）。Each group makes some new word cards with color pens.

(3) 每个组一起把准备好的材料贴在大纸上。Each group sticks materials prepared to a large paper.

(4) 全班一起把各组的准备的墙报布置在教室里合适的地方。Have the class make the bulletin together to decorate the classroom.

给老师的提示：
请您在学生完成任务的过程中随时提供帮助，并关注学生的语言，适时地引导和鼓励他们使用学过的句子。

6. 成段表达 Expression

先想想下面的问题，然后介绍一下以前借东西的经历。Think about the following questions and describe one of your experiences of borrowing things.

(1) 你以前借过东西吗？
Nǐ yǐqián jiè guo dōngxi ma?

(2) 你借过什么东西？
Nǐ jiè guo shénme dōngxi?

(3) 为什么借？
Wèi shénme jiè?

(4) 你是怎么说的？
Nǐ shì zěnme shuō de?

● You needn't answer the questions but say a paragraph according to the questions' order. You can refer to dictionaries when encountering new words.

7. 看图交流 Look and Share Information

两人一组，一个人看图A，一个人看图B。请用汉语对图A和图B进行比较，看看你们的图有什么不一样。Work in pairs. One looks at picture A and the other, picture B. Use Chinese to describe your picture as much as possible, and then compare with your partner's.

8. 常用语句 Useful Language

> 我用完了，谢谢！
> Wǒ yòng wán le, xièxie!
> I've used it, thanks.

遥控器 remote control
yáokòng qì
同屋 roommate
tóng wū

请帮我……

写汉字 **C**hinese Characters

fēng 风

jǐng 景

zhào 照

xiǎng 相

明天晚上你有时间吗？

Míngtiān wǎnshang nǐ yǒu shíjiān ma?

Are You Free Tomorrow Night?

目标 **O**bjectives

1 复习与天气相关的词语 *Review the words about weather*
2 学会简单说明天气情况 *Learn to explain weather conditions*
3 学习邀请 *Learn to invite someone*

复习 **R**eview

○ 两人一组，看图说说是什么天气。**Work in pairs. Look and describe the weathers.**

Word box					
天气 tiānqì	阴天 yīntiān	晴天 qíngtiān	太阳 tàiyáng	热 rè	冷 lěng
多云 duōyún	度 dù	下雨 xià yǔ	下雪 xià xuě	刮风 guā fēng	

①

②

③

④

生词 **N**ew Words

1 凉快 cool liángkuai	2 出门 go out chū mén	3 预报 predict yùbào
4 多云 cloudy duōyún	5 转 turn to zhuǎn	6 温度 temperature wēndù
7 山 mountain shān	8 咱们 we, us zánmen	9 空气 air kōngqì
10 底下 below, under dǐxia	11 定 decide dìng	12 不见不散 be there or be square bú jiàn bú sàn
13 聚会 party jùhuì		

● 搭配词语。Use the proper words you've learnt to match the words below.

_____转_____
　　　　zhuǎn

温度_____
wēndù

_____底下
　　　　dǐxia

_____聚会
　　　　　　　jùhuì

句子 Sentences

1. 这几天真凉快！ How cool it is these days!
   Zhè jǐ tiān zhēn liángkuai!

2. 凉快是凉快，可是天天下雨。 It's cool indeed, but it rains every day.
   Liángkuai shì liángkuai, kěshì tiāntiān xià yǔ.

3. 明天多云转晴，最高温度二十八度。
   Míngtiān duōyún zhuǎn qíng, zuì gāo wēndù èrshíbā dù.

   It will turn from cloudy to clear tomorrow. The highest temperature is 28°C.

4. 明天天气不错。 It will be a fine day tomorrow.
   Míngtiān tiānqì búcuò.

5. 你要是没事儿，就和我一起去吧。 Let's go together if you are free tomorrow.
   Nǐ yàoshi méi shìr, jiù hé wǒ yìqǐ qù ba.

6. 咱们什么时候出发？ When shall we start off?
   Zánmen shénme shíhou chūfā?

7. 七点我在你们宿舍楼底下等你吧。
   Qī diǎn wǒ zài nǐmen sùshè lóu dǐxia děng nǐ ba.

   I will wait for you on the ground floor of your dormitory building at 7 am.

8. 那就说定了。 It's a deal.
   Nà jiù shuō dìng le.

9. 明天晚上你有时间吗？ Are you free tomorrow night?
   Míngtiān wǎnshang nǐ yǒu shíjiān ma?

10. 我想请你和杰克参加我的生日聚会。
    Wǒ xiǎng qǐng nǐ hé Jiékè cānjiā wǒ de shēngrì jùhuì.

    I'd like to invite you and Jack to my birthday party.

○ 他们可能说了什么? **What might they say?**

● Use the sentences you just learnt.

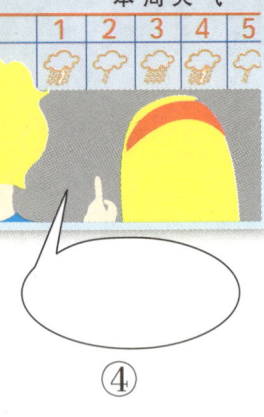

①

②

③

情景 **S**cenes

王　浩：	这几天真凉快!
Wáng Hào:	Zhè jǐ tiān zhēn liángkuai!

杰　克：	凉快是凉快①，可是天天下雨，出门很不方便。
Jiékè:	Liángkuai shì liángkuai, kěshì tiāntiān xià yǔ, chū mén hěn bù fāngbiàn.

王　浩：	明天就好了。天气预报说明天多云转晴，最高
Wáng Hào:	Míngtiān jiù hǎo le. Tiānqì yùbào shuō míngtiān duōyún zhuǎn qíng, zuì gāo
	温度二十八度。
	wēndù èrshí bā dù.

杰　克：	没有雨，是吗?
Jiékè:	Méiyǒu yǔ, shì ma?

王　浩：	对。明天天气不错，我想去爬山。
Wáng Hào:	Duì. Míngtiān tiānqì búcuò, wǒ xiǎng qù pá shān.

杰　克：	我也很喜欢爬山。
Jiékè:	Wǒ yě hěn xǐhuan pá shān.

王　浩：	真的? 你要是没事儿，就和我一起去吧。
Wáng Hào:	Zhēn de? Nǐ yàoshi méi shìr, jiù hé wǒ yìqǐ qù ba.

杰　克：	太好了! 咱们什么时候出发?
Jiékè:	Tài hǎo le! Zánmen shénme shíhou chūfā?

王　浩：	最好②早一点儿，早上空气好。
Wáng Hào:	Zuìhǎo zǎo yìdiǎnr, zǎoshang kōngqì hǎo.

① "……是……" is used to indicate concession. E.g. 那儿远是远，但是很方便。(Indeed, it's far, but it's convenient.) / 我去是去了，可是没找到他。(It's true that I went, but I didn't find him.)

② Here "最好" used to indicate suggestion, means *you'd better*. E.g. 你最好三月去那儿。/ 你最好别一个人去。

1

杰 克： 那就七点出发吧。咱们怎么去？
Jiékē: Nà jiù qī diǎn chūfā ba. Zánmen zěnme qù?

王 浩： 骑自行车去怎么样？我帮你借一辆。
Wáng Hào: Qí zìxíngchē qù zěnmeyàng? Wǒ bāng nǐ jiè yí liàng.

杰 克： 好。那七点我在你们宿舍楼底下等你吧。
Jiékē: Hǎo. Nà qī diǎn wǒ zài nǐmen sùshè lóu dǐxia děng nǐ ba.

王 浩： 行，那就说定③了，不见不散！
Wáng Hào: Xíng, nà jiù shuō dìng le, bú jiàn bú sàn!

③ "说定" means *decide, settle*. E.g. 说定了，你别忘了。/ 我们已经说定了，明天一起去。

Wang Hao: How cool it is these days!
Jack: It's cool indeed, but it's very inconvenient to go out if it rains every day.
Wang Hao: It will be a fine day tomorrow. It says that it will turn from cloudy to clear. The highest temperature is 28°C.
Jack: It won't rain, will it?
Wang Hao: Yeah. It will be a fine day and I want to climb mountains.
Jack: I like climbing mountains too.
Wang Hao: Really? Let's go together if you are free tomorrow.
Jack: Great! When shall we start off?
Wang Hao: It's better to start off earlier. The air is fresh in the morning.
Jack: Then 7 o'clock in the morning. How shall we go?
Wang Hao: How about going by bicycle? I can help you lend one.
Jack: Great. I will wait for you on the ground floor of your dormitory building at 7 am.
Wang Hao: It's a deal. Be there or be square!

○ 根据情景1回答问题。**Answer questions according to Scene 1.**

(1) 这几天天气怎么样？
　　Zhè jǐ tiān tiānqì zěnmeyàng?

(2) 明天呢？
　　Míngtiān ne?

(3) 王浩明天想做什么？
　　Wáng Hào míngtiān xiǎng zuò shénme?

(4) 杰克和王浩一起去吗？
　　Jiékē hé Wáng Hào yìqǐ qù ma?

(5) 什么时候出发？
　　Shénme shíhou chūfā?

(6) 他们在哪儿见面？
　　Tāmen zài nǎr jiàn miàn?

○ 有问有答。**Ask and answer.**

Ask	Answer
明天天气怎么样？ Míngtiān tiānqì zěnmeyàng?	
	明天二十八度。 Míngtiān èrshíbā dù.
	七点出发吧。 Qī diǎn chūfā ba.
咱们怎么去？ Zánmen zěnme qù?	
七点我去你们楼底下等你，好吗？ Qī diǎn wǒ qù nǐmen lóu dǐxia děng nǐ, hǎo ma?	

李 静: 朱丽,明天晚上你有时间吗?
Lǐ Jìng: Zhūlì, míngtiān wǎnshang nǐ yǒu shíjiān ma?

朱 丽: 有啊。有什么事吗?
Zhūlì: Yǒu ā. Yǒu shénme shì ma?

李 静: 我想请你、杰克和英爱参加我的生日聚会。
Lǐ Jìng: Wǒ xiǎng qǐng nǐ, Jiékè hé Yīng'ài cānjiā wǒ de shēngrì jùhuì.

朱 丽: 明天是你的生日?
Zhūlì: Míngtiān shì nǐ de shēngrì?

李 静: 对。你能来吗?
Lǐ Jìng: Duì. Nǐ néng lái ma?

朱 丽: 我一定来。在哪儿聚会?
Zhūlì: Wǒ yídìng lái. Zài nǎr jùhuì?

李 静: 在学校西门旁边的白云餐厅。
Lǐ Jìng: Zài xuéxiào xī mén pángbiān de Báiyún Cāntīng.

朱 丽: 我知道那个地方。我们几点去比较合适?
Zhūlì: Wǒ zhīdào nàge dìfang. Wǒmen jǐ diǎn qù bǐjiào héshì?

李 静: 六点左右就行。我想把我的朋友介绍给你们。
Lǐ Jìng: Liù diǎn zuǒyòu jiù xíng. Wǒ xiǎng bǎ wǒ de péngyou jièshào gěi nǐmen.

朱 丽: 好啊!我一定告诉杰克和英爱。
Zhūlì: Hǎo ā! Wǒ yídìng gàosu Jiékè hé Yīng'ài.

李 静: 那麻烦你了。明天见!
Lǐ Jìng: Nà máfan nǐ le. Míngtiān jiàn!

Li Jing:	Julie, are you free tomorrow night?
Julie:	Yeah. What's up?
Li Jing:	I'd like to invite you, Jack and Ying'ai to my birthday party.
Julie:	Is tomorrow your birthday?
Li Jing:	Yeah. Can you come?
Julie:	Sure. Where will the party be held?
Li Jing:	At Baiyun Restaurant next to the west campus' door.
Julie:	I know that place. What time is more suitable to go?
Li Jing:	About 6 o'clock. I'd like to introduce my friends to you.
Julie:	Wonderful. I will tell Jack and Ying'ai.
Li Jing:	Thank you for that. See you tomorrow!

● 根据情景2补全下面这段话。Complete the following paragraph according to Scene 2.

明天是李静的_____,她想请朱丽、杰克和英爱_____,她还想
Míngtiān shì Lǐ Jìng de   tā xiǎng qǐng Zhūlì, Jiékè hé Yīng'ài   tā hái xiǎng

把_____介绍给_____。朱丽_____去,她也会(will)告
bǎ   jièshào gěi   Zhūlì   qù, tā yě huì   gàosu

诉杰克和英爱。聚会的地方是 ＿＿＿＿＿＿＿＿。他们应该 ＿＿＿＿＿去。
Jiékè hé Yīng'ài. Jùhuì de dìfang shì ＿＿＿. Tāmen yīnggāi ＿＿＿ qù.

○ 画线连接，组成对话。Draw lines to complete the dialogs.

(1) 明天晚上你有时间吗？
Míngtiān wǎnshang nǐ yǒu shíjiān ma?

a 我一定来。
Wǒ yídìng lái.

(2) 我想请你参加我的生日聚会，你能来吗？
Wǒ xiǎng qǐng nǐ cānjiā wǒ de shēngrì jùhuì, nǐ néng lái ma?

b 在学校西门旁边的餐厅。
Zài xuéxiào xī mén pángbiān de cāntīng.

(3) 在哪儿聚会？
Zài nǎr jùhuì?

c 有啊。有什么事吗？
Yǒu ā. Yǒu shénme shì ma?

(4) 我几点去比较合适？
Wǒ jǐ diǎn qù bǐjiào héshì?

d 好的，明天见。
Hǎo de, míngtiān jiàn.

(5) 你一定要来啊。
Nǐ yídìng yào lái ā.

e 六点左右就行。
Liù diǎn zuǒyòu jiù xíng.

活动 Activities

1. 语音练习 Pronunciation

Word box

低 low	白天 day	夜间 night	级 degree
dī	báitiān	yèjiān	jí

(1) 朗读下列短语。Read the phrases aloud.

上午
shàngwǔ
多云转晴
duōyún zhuǎn qíng
北转南风
běi zhuǎn nán fēng
阴，有小雨
yīn, yǒu xiǎo yǔ
最高温度
zuì gāo wēndù

下午
xiàwǔ
晴转多云
qíng zhuǎn duōyún
南转北风
nán zhuǎn běi fēng
阴，有小雪
yīn, yǒu xiǎo xuě
最低温度
zuì dī wēndù

(2) 朗读下列天气预报的内容。Read the weather forecast aloud.

明天白天多云转晴。南转北风，二到三级。最高温度
Míngtiān báitiān duōyún zhuǎn qíng. Nán zhuǎn běi fēng, èr dào sān jí. Zuì gāo wēndù
二十六度；明天夜间晴。北风三、四级。最低温度十二度。
èrshíliù dù; Míngtiān yèjiān qíng. Běi fēng sān, sì jí. Zuì dī wēndù shí'èr dù.

明天白天阴有小雨，北转南风二、三级。最高温度三十二度；
Míngtiān báitiān yīn yǒu xiǎo yǔ, běi zhuǎn nán fēng èr, sān jí. Zuì gāo wēndù sānshí'èr dù;
明天夜间阴，南风一、二级。最低温度二十四度。
Míngtiān yèjiān yīn, nán fēng yī, èr jí. Zuì dī wēndù èrshísì dù.

2. 替换练习 Substitution

用表格右侧的词语替换句中画线的部分，说出完整的句子。Use the words on the right side to say several new and complete sentences.

(1) 这几天真凉快！ Zhè jǐ tiān zhēn liángkuai!	热 rè	冷 lěng	闷 sweltering mēn	
(2) 凉快是凉快，可是天天下雨。 Liángkuai shì liángkuai, kěshì tiāntiān xià yǔ.	雨下是下了、很小 yǔ xià shì xià le, hěn xiǎo			这儿冷是冷、 zhèr lěng shì lěng,
	风景不错 fēngjǐng búcuò	这件衣服好是好、太贵了 zhè jiàn yīfu hǎo shì hǎo, tài guì le		
(3) 明天多云转晴，最高温度二十八度。 Míngtiān duōyún zhuǎn qíng, zuì gāo wēndù èrshíbā dù.	晴 qíng	阴 yīn 有大雨 yǒu dà yǔ	有小雪 yǒu xiǎo xuě	
(4) 你要是没事儿, 就和我一起去吧。 Nǐ yàoshi méi shìr, jiù hé wǒ yìqǐ qù ba.	没有课 méiyǒu kè	有空 free yǒu kòng	愿意 will yuànyì	
(5) 咱们什么时候出发? Zánmen shénme shíhou chūfā?	什么时间 shénme shíjiān	几点 jǐ diǎn	哪天 nǎ tiān	
(6) 七点我在你们宿舍楼底下等你吧。 Qī diǎn wǒ zài nǐmen sùshè lóu dǐxia děng nǐ ba.	教室 jiàoshì	你们楼外边 nǐmen lóu wàibian	电影院门口 diànyǐngyuàn ménkǒu	
(7) 明天晚上你有时间吗? Míngtiān wǎnshang nǐ yǒu shíjiān ma?	今天中午 jīntiān zhōngwǔ	三点以后 sān diǎn yǐhòu	十点以前 shí diǎn yǐqián	
(8) 我想请你参加我的生日聚会。 Wǒ xiǎng qǐng nǐ cānjiā wǒ de shēngrì jùhuì.	参加留学生的晚会 cānjiā liúxuéshēng de wǎnhuì	去我们家 qù wǒmen jiā	去看电影 qù kàn diànyǐng	

3. 双人活动 Pair Work

(1) 和同伴一起根据自己家乡的天气情况填写表格，然后介绍一下你们家乡的天气情况。Work with your partner to fill in the table according to your hometown's weather, and describe it to the class.

Word box

暖和 nuǎnhuo	凉快 liángkuai	热 rè	冷 lěng	度 dù	左右 zuǒyòu
长袖 cháng xiù	短袖 duǎn xiù	件 jiàn	薄 thin báo	厚 thick hòu	

● The words in the word box may help you.

季节 Seasons	天气怎么样 How is the weather	人们穿什么 What do people wear
春天 Chūntiān		
夏天 Xiàtiān		
秋天 Qiūtiān		
冬天 Dōngtiān		

(2) 和同伴一起为旅行者出主意。Work with your partner to give advice to a traveler.

一个中国人想去你的国家旅行。他/她1月、5月、8月和10月有时间。他/她不知道什么时候去最好。请你们—— A Chinese person wants to travel to your country. He/She has free time during Jan. May, Aug. and Oct. He/She doesn't know when is best to go. Please ——

① 帮他/她安排一下旅行的时间，并说明为什么应该这时候去。Help him/her choose a travel time and explain why he/she should travel at this time.

② 说说他/她应该带什么衣服和东西，要注意什么。Advise him/her what kind of clothes and what items he/she should take to travel, and what he/she should pay attention to.

Word box

带 dài	穿 chuān
帽子 hat mǎozi	又……又…… yòu … yòu …

● The words in the word box may help you.

4. 模拟表演 Simulation

两三人一组，帮欧文(Ōuwén)出出主意，然后表演欧文和王浩打电话的情景。Work in a group of 2 or 3 to give advice to Owan. Then act out the dialog between Owan and WangHao.

王浩的好朋友周伟在英国学习，他的英国朋友欧文要来中国，他请王浩去机场接欧文。欧文快到中国前要给王浩打电话，约定接机时间、见面地点，并告诉王浩自己的样子。他汉语不太好，请你们帮欧文出出主意，他应该怎么说。

Zhou Wei, Wang Hao's friend, is studying in England. His English friend, Owan, is going to China. He asks Wang Hao to pick him up at the airport. Owan is going to phone Wang Hao before his arrival telling Wang Hao his arriving time, their appointed place, and his appearance. Owan's Chinese is not good, so help him on what he should say.

Word box

出口 exit chūkǒu	正门 front door zhèngmén	会 can huì
牌子 sign pāizi	把……写在…… write ... on... bǎ ... xiě zài ...	

给老师的提示：
学生讨论结束后，您可以让两三组给大家表演一下，以达到全班交流的目的。

● After discussion, make a dialogue between Owan and Wang Hao.

5. 小组活动 Group Work

先看看下面的选项，想想你这几天打算做什么，然后邀请一两个同伴。商量好去哪儿、出发的时间和见面的地方。被邀请的人也可以说自己不能去。Look at the following options first and decide what you are going to do these days. Invite 1 or 2 classmates to do your "options". Discuss with them where and when to go, and where to meet. The invited person may say he/she can't go.

☐ 去买东西
qù mǎi dōngxi

☐ 去看电影
qù kàn diànyǐng

☐ 去游泳
qù yóu yǒng

☐ 去打篮球
qù dǎ lánqiú

☐ 去吃你们国家的菜
qù chī nǐmen guójiā de cài

☐ 去博物馆
qù bówùguǎn

☐ 去公园玩儿
qù gōngyuán wánr

☐ 去看一个朋友
qù kàn yí ge péngyou

☐ 请朋友聚会
qǐng péngyou jùhuì

Word box	
打篮球 play basketball dǎ lánqiú	看 look in kàn

说定 shuō dìng	真对不起 zhēn duìbuqǐ	没关系 méi guānxi

6. 成段表达 Expression

先想想下面的问题，然后介绍一次你最喜欢的聚会。Think about the following questions and describe your favorite party once.

(1) 哪一次聚会你最喜欢？什么时候？在哪儿？
Nǎ yí cì jùhuì nǐ zuì xǐhuan? shénme shíhou? zài nǎr?

(2) 为什么聚会？
Wèi shénme jùhuì?

(3) 为什么喜欢？
Wèi shénme xǐhuan?

(4) 你们做什么了？
Nǐmen zuò shénme le?

Word box			
热闹 rènao	有意思 yǒu yìsi	好玩儿 hǎowánr	和……一起 hé ... yìqǐ
玩儿 wánr	开始 kāishǐ	结束 end jiéshù	

7. 看图交流 Look and Share Information

两人一组，一个人看图A，一个人看图B。请用汉语对图A和图B进行比较，看看你们的图有什么不一样。Work in pairs. One looks at picture A and the other, picture B. Use Chinese to describe your picture as much as possible, and then compare with your partner's.

A

8. 常用语句 Useful Language

改天吧。
Gǎitiān ba.
Let's change to some other time.

写汉字 C hinese Characters

做客
ZuŎ kè

Visiting

目标 Objectives

1. 复习礼貌用语及表示评价的形容词 *Review the polite expressions and evaluating adjectives*
2. 学习做客寒暄时的常用语 *Learn the conventional greetings when you are invited to a person's home*
3. 学习简单评价某一事物 *Learn to simply evaluate something*
4. 学习告辞时的常用语 *Learn the commonly used words of saying goodbye*

复习 Review

Word box			
请 qǐng	谢谢 xièxie	太感谢了 tài gǎnxiè le	哪里哪里 nǎlǐ nǎlǐ
对不起 duìbuqǐ		别客气 bié kèqi	没关系 méi guānxi

1. 人们在什么情况下用这些礼貌用语？两人一组，和同伴试着编几个小对话。在对话里用上合适的礼貌用语。**On what circumstances will people use the following polite expressions? Work with your partner to make dialogs with the polite expression.**

给老师的提示：
您可以让几组学生把他们的对话给全班说一说。他们每说出一个礼貌用语，您就可以在黑板上写出来，以使学生加深印象。

Example:

A: 先生，这是您的包。您下车的时候忘了拿了。
   Xiānsheng, zhè shì nín de bāo. Nín xià chē de shíhou wàng le ná le.

B: 太感谢了！
   Tài gǎnxiè le!

A: 别客气！这是我应该做的。
   Bié kèqi! Zhè shì wǒ yīnggāi zuò de.

漂亮 piǎoliang	干净 gānjìng	整齐 zhěngqí
脏 zāng	不错 búcuò	好吃 hǎo chī

Word box

2. 看图回答问题。**Look and answer questions.**

①

②

③

(1) 你觉得这个房间怎么样？
   Nǐ juéde zhège
   fángjiān zěnmeyàng?

(2) 你觉得这个地方怎么样？
   Nǐ juéde zhège
   dìfang zěnmeyàng?

(3) 她觉得这个菜怎么样？
   Tā juéde zhège
   cài zěnmeyàng?

生词 New Words

1 叔叔 uncle shūshu	2 阿姨 auntie āyí	3 家常便饭 home-style food, potluck jiācháng biànfàn
4 可 really kě	5 拿手 expert, skillful náshǒu	6 手艺 craft, skill shǒuyì
7 清淡 light (food) qīngdàn	8 干（杯）drink to gān (bēi)	9 敬 toast jìng
10 祝 wish zhù	11 健康 health jiànkāng	12 热情 hospitable rèqíng
13 招待 host zhāodài	14 留步 don't bother to come liúbù any further	15 让 let, make ràng

112

16 送 see sb. out		
sòng		
Proper Name		
清蒸鱼 steamed fish		
qīngzhēngyú		

○ 搭配词语。**Use the proper words you've learnt to match the words below.**

手艺_____   祝_____
shǒuyì   zhū

招待_____   送_____
zhāodài   sòng

句子 **S**entences

1. 我带了一点儿小礼物，请你们收下。 I have a small present for
   Wǒ dài le yìdiǎnr xiǎo lǐwù, qǐng nǐmen shōu xià.   you. Please keep it.

2. 您别忙了。 Don't bother.
   Nín biē máng le.

3. 我自己来。 I will help myself.
   Wǒ zìjǐ lái.

4. 这么多菜，我都吃不过来了。 There are so many dishes that I can't taste all of them.
   Zhème duō cài, wǒ dōu chī bú guò lái le.

5. 阿姨的手艺真不错！ Auntie is really a good cook!
   Āyí de shǒuyì zhēn búcuò!

6. 我敬叔叔阿姨一杯。 Let me toast Uncle and Auntie.
   Wǒ jìng shūshu āyí yì bēi.

7. 祝你们身体健康！ To your health!
   Zhù nǐmen shēntǐ jiànkāng!

8. 我该回去了。 I've got to run.
   Wǒ gāi huí qù le.

做 客 —————————————

9. 谢谢你们的热情招待。 **Thank you for your hospitality.**

   Xièxie nǐmen de rèqíng zhāodài.

10. 不用送了，请留步。 **Don't bother to see me out, and don't bother**

   Bú yòng sòng le, qǐng liúbù.   **to come any further.**

○ 他们可能说了什么？ **What might they say?**

● Use the sentences you just learnt.

情景 **S**cenes

(**Julie is coming to visit Li Jing at her home.**)

朱 丽：   叔叔阿姨，你们好！
Zhūlì: Shūshu āyí, nǐmen hǎo!

妈 妈：   你好，快请进！
Māma: Nǐ hǎo, kuài qǐng jìn!

1

朱 丽：	你们家真漂亮！
Zhūlì:	Nǐmen jiā zhēn piàoliang!
爸 爸：	哪里哪里。
Bàba:	Nǎlǐ nǎlǐ.
朱 丽：	我带了一点儿小礼物，请你们收下①。
Zhūlì:	Wǒ dài le yìdiǎnr xiǎo lǐwù, qǐng nǐmen shōu xià.
妈 妈：	你太客气了，还带什么礼物啊②！
Māma:	Nǐ tài kèqi le, hái dài shénme lǐwù ā!
爸 爸：	快请坐吧。
Bàba:	Kuài qǐng zuò ba.
朱 丽：	谢谢。
Zhūlì:	Xièxie.
妈 妈：	朱丽，来，吃点儿水果，喝点儿茶。
Māma:	Zhūlì, lái, chī diǎnr shuǐguǒ, hē diǎnr chá.
朱 丽：	阿姨，您别忙了，我自己来。
Zhūlì:	Āyí, nín bié máng le, wǒ zìjǐ lái.

① "Verb+下" indicates that something is preserved or someone is kept from leaving. E.g. 收下礼物,写下名字,留下他.

② This is a rhetorical question which indicates emphasis and is unnecessary to be answered. "还带什么礼物啊？" means that you needn't bring a present.

Julie:	Uncle, Auntie, how are you!
Mother:	How are you! Come in quickly.
Julie:	Your house is beautiful!
Father:	You're flattering me.
Julie:	I have a small present for you. Please keep it.
Mother:	You're so polite. We didn't expect that you would bring a present.
Father:	Have a seat please.
Julie:	Thank you.
Mother:	Julie, please have some fruit and a cup of tea.
Julie:	Auntie, don't bother. I will help myself.

◉ 根据情景1补全下面这段话。**Complete the following paragraph according to Scene 1.**

朱丽去了李静家。她还_____了一个小礼物，李静的妈妈请朱丽_____、
Zhūlì qù le Lǐ Jìng jiā. Tā hái   le yí ge xiǎo lǐwù. Lǐ Jìng de māma qǐng Zhūlì

_____。朱丽很不好意思(embarrassing)，她说："您_____，我_____。"
Zhūlì hěn bù hǎoyìsi   tā shuō:" nín   wǒ

◉ 画线连接，组成对话。**Draw lines to complete the dialogs.**

(1) 你们家真漂亮！
Nǐmen jiā zhēn piàoliang!

a 您别忙了，我自己来。
Nín bié máng le, wǒ zìjǐ lái.

(2) 我带了一点儿小礼物，请你们收下。
Wǒ dài le yìdiǎnr xiǎo lǐwù, qǐng nǐmen shōu xià.

b 哪里哪里。
Nǎlǐ nǎlǐ.

(3) 来，吃点儿水果，喝点儿茶。
Lái, chī diǎnr shuǐguǒ, hē diǎnr chá.

c 你太客气了，还带什么礼物啊。
Nǐ tài kèqi le, hái dài shénme lǐwù ā.

做客

(Julie is having a meal at Li Jing's home.)

妈 妈: 没什么好吃的，都是家常便饭，别客气。
Māma: Méi shénme hǎo chī de, dōu shì jiācháng biànfàn, bié kèqi.

朱 丽: 这么多菜，我都③吃不过来④了。
Zhūlì: Zhème duō cài, wǒ dōu chī bú guò lái le.

爸 爸: 这个清蒸鱼可是阿姨的拿手菜，你一定得尝尝。
Bàba: Zhège qīngzhēngyú kě shì āyí de náshǒu cài, nǐ yídìng děi chángchang.

朱 丽: 真好吃，阿姨的手艺真不错！
Zhūlì: Zhēn hǎo chī, āyí de shǒuyì zhēn búcuò!

妈 妈: 爱吃的话⑤，就多吃点儿。
Māma: Ài chī de huà, jiù duō chī diǎnr.

朱 丽: 阿姨，您做的菜很清淡，我都很喜欢。
Zhūlì: Āyí, nín zuò de cài hěn qīngdàn, wǒ dōu hěn xǐhuan.

爸 爸: 来，大家一起干一杯，欢迎朱丽来我们家！
Bàba: Lái, dàjiā yìqǐ gān yì bēi, huānyíng Zhūlì lái wǒmen jiā!

朱 丽: 谢谢！我也敬叔叔阿姨一杯。祝你们身体健康！
Zhūlì: Xièxie! Wǒ yě jìng shūshu āyí yì bēi. Zhù nǐmen shēntǐ jiànkāng!

2

③ Here "都" means *already*. Speaker uses it to indicate the large amount and "了" is often used at the end of sentence. E.g. 都吃了三碗了。/ 都花了一千多块了。

④ "Verb + 不过来" indicates impossibility in dealing with numerous things one by one. E.g. 最近事情很多，我都忙不过来了。/ 这儿好东西真多，我都看不过来了。

⑤ "……的话" is also used as "如果……的话". E.g. 你喜欢它的话，就拿走吧。/ 如果你来的话，请先打个电话。

Mother:	There is nothing special but home-style food. Make yourself at home.
Julie:	There are so many dishes that I can't taste all of them.
Father:	The steamed fish is indeed your Auntie's specialty. You must have a taste.
Julie:	It's so delicious. Auntie is really a good cook!
Mother:	Eat more if you like.
Julie:	Auntie, the dishes you cook is very light, and I like that.
Father:	Come on, let's drink together for welcoming Julie to our home.
Julie:	Thank you so much. Let me toast Uncle and Auntie. To your health!

● 根据情景2判断正误。对的画✓，错的画✗。**Make judgments according to Scene 2. Mark ✓ for true and ✗ for false.**

☐ (1) 李静的妈妈没做什么好吃的。
Lǐ Jìng de māma méi zuò shénme hǎo chī de.

☐ (2) 朱丽不太想吃。
Zhūlì bú tài xiǎng chī.

☐ (3) 李静的妈妈做清蒸鱼做得很好。
Lǐ Jìng de māma zuò qīngzhēngyú zuò de hěn hǎo.

☐ (4) 李静的妈妈让朱丽多吃点儿。
Lǐ Jìng de māma ràng Zhūlì duō chī diǎnr.

□ (5) 朱丽还敬了一杯酒。
Zhūlì hái jìng le yì bēi jiǔ.

● 画线连接，组成对话。Draw lines to complete the dialogs.

(1) 没什么好吃的，都是家常便饭。
Méi shénme hǎo chī de, dōu shì jiācháng biànfàn.

a 好，我来一点儿。
Hǎo, wǒ lái yìdiǎnr.

(2) 这个菜是我的拿手菜，你一定得尝尝。
Zhège cài shì wǒ de náshǒu cài, nǐ yídìng děi chángchang.

b 这么多菜，我都吃不过来了。
Zhème duō cài, wǒ dōu chī bú guò lái le.

(3) 咱们干一杯，欢迎你来我们家！
Zánmen gān yì bēi, huānyíng nǐ lái wǒmen jiā!

c 谢谢！
Xièxie!

(4) 这个菜怎么样？
Zhège cài zěnmeyàng?

d 真好吃，阿姨的手艺很不错！
Zhēn hǎo chī, āyí de shǒuyì hěn búcuò!

朱 丽： 叔叔阿姨，我该回去了。
Zhūlì: Shūshu āyí, wǒ gāi huíqù le.

妈 妈： 还早呢，再坐一会儿吧。
Māma: Hái zǎo ne, zài zuò yíhuìr ba.

朱 丽： 不了，我已经打扰你们很长时间了。
Zhūlì: Bù le, wǒ yǐjīng dǎrǎo nǐmen hěn cháng shíjiān le.

妈 妈： 哪儿的话⑥，你来我们很高兴。
Māma: Nǎr de huà, nǐ lái wǒmen hěn gāoxìng.

朱 丽： 叔叔阿姨，谢谢你们的热情招待。
Zhūlì: Shūshu āyí, xièxie nǐmen de rèqíng zhāodài.

⑥ "哪儿的话" indicates that the speaker doesn't agree with the other side.

妈 妈： 别客气，欢迎你以后再来。
Māma: Bié kèqi, huānyíng nǐ yǐhòu zài lái.

朱 丽： 好，我一定来。不用送了，请留步。
Zhūlì: Hǎo, wǒ yídìng lái. Bú yòng sòng le, qǐng liúbù.

妈 妈： 那就让李静送送你吧。
Māma: Nà jiù ràng Lǐ Jìng sòngsong nǐ ba.

朱 丽： 再见！
Zhūlì: Zàijiàn!

妈 妈： 慢走！
Māma: Màn zǒu!

3

Julie: Uncle, Auntie, I've got to run.
Mother: It's still early. Stay a moment.
Julie: No, I've bothered you for a long time already.
Mother: Not at all. We are so happy that you are here.
Julie: Uncle, Auntie, thank you for your hospitality.
Mother: You're welcome. We hope you'll come again.
Julie: Sure, I will. Don't bother to see me out, and don't bother to come any further.

Mother:	Let Li Jing see you out.
Julie:	Goodbye!
Mother:	Be careful!

● 根据情景3判断正误。对的画✓，错的画✗。Make judgments according to Scene 3. Mark ✓ for true and ✗ for false.

□ (1) 朱丽要走了。
Zhūlì yào zǒu le.

□ (2) 李静的妈妈让朱丽再坐一会儿。
Lǐ Jìng de māma ràng Zhūlì zài zuò yíhuìr.

□ (3) 朱丽打扰了他们。
Zhūlì dǎrǎo le tāmen.

□ (4) 朱丽很感谢他们。
Zhūlì hěn gǎnxiè tāmen.

□ (5) 李静的妈妈去送朱丽了。
Lǐ Jìng de māma qù sòng Zhūlì le.

● 画线连接，组成对话。Draw lines to complete the dialogs.

(1) 再坐一会儿吧。
Zài zuò yíhuìr ba.

(2) 谢谢你们的热情招待！
Xièxie nǐmen de rèqíng zhāodài!

(3) 欢迎你以后再来！
Huānyíng nǐ yǐhòu zài lái!

(4) 我送送你吧。
Wǒ sòngsong nǐ ba.

a 不了，已经打扰你很长时间了。
Bù le, yǐjīng dǎrǎo nǐ hěn cháng shíjiān le.

b 别客气。
Bié kèqi.

c 不用送了，请留步。
Bú yòng sòng le, qǐng liúbù.

d 好，我一定来。
Hǎo, wǒ yídìng lái.

活动 Activities

1. 语音练习 Pronunciation

学说绕口令。Learn to say the tongue twister.

山顶有座白庙，
Shān dǐng yǒu zuò bái miào,
白庙里有只白猫。
Bái miào lǐ yǒu zhī bái māo.
白庙外有顶白帽，
Bái miào wài yǒu dǐng bái mào,
白猫看见了白帽，
Bái māo kàn jiàn le bái mào,
叼着白帽跑进了白庙。
Diāo zhe bái mào pǎo jìn le bái miào.

There was a white temple on the top of a hill,

There was a white cat in the white temple.

There was a white hat outside of the white temple,

When the white cat saw the white hat,

It held the white hat in its mouth into the white temple.

118

2. 替换练习 Substitution

用表格右侧的词语替换句中画线的部分，说出完整的句子。Use the words on the right side to say several new and complete sentences.

(1) 您别**忙**了。 Nín bié **máng** le.	客气 kèqi	拿水果 ná shuǐguǒ	做这么多菜 zuò zhème duō cài
(2) 我自己**来**。 Wǒ zìjǐ **lái**.	拿 ná	写 xiě	倒 pour (茶) dào (chá)
(3) 我都**吃不过来**了。 Wǒ dōu **chī bú guò lái** le.	尝不过来 cháng bú guò lái	吃不了 chī bù liǎo	吃撑 fill to the point of bursting chī chēng
(4) 我敬叔叔阿姨一杯。 Wǒ jìng shūshu āyí yì bēi.	你 nǐ	您 nín	大家 dàjiā
(5) 祝你**身体健康**! Zhù nǐ **shēntǐ jiànkāng**!	生日快乐 happy shēngrì kuàilè	生活愉快 shēnghuó yúkuài	学习顺利 smoothly xuéxí shùnlì
(6) 我该**回去**了。 Wǒ gāi **huíqù** le.	走 zǒu	上课 shàng kè	出发 chūfā
(7) 谢谢你们的**热情招待**。 Xièxie nǐmen de **rèqíng zhāodài**.	热情帮助 rèqíng bāngzhù	礼物 lǐwù	好意 good will hǎoyì
(8) 你多**吃**点儿。 Nǐ duō **chī** diǎnr.	拿 ná	买 mǎi	穿 chuān

3. 给句子分类 Classify the Sentences

想想下面的句子是主人说的还是客人说的。Are the following sentences used by hosts or guests?

主人 host○   客人 guest△
zhǔrén   kèrén

(○) 请进!
　　　Qǐng jìn!
(　) 请坐!
　　　Qǐng zuò!
(　) 欢迎欢迎!
　　　Huānyíng huānyíng!
(　) 您喝点儿什么?
　　　Nín hē diǎnr shénme?
(　) 要茶还是咖啡?
　　　Yào chá háishi kāfēi?
(　) 别忙了，我坐一会儿就走。
　　　Bié máng le, wǒ zuò yíhuìr jiù zǒu.
(　) 多坐一会儿吧。
　　　Duō zuò yíhuìr ba.
(　) 不了，我还有点儿事。
　　　Bù le, wǒ hái yǒudiǎnr shì.

给老师的提示：分类之后您可以让学生分别读一读主人的话和客人的话，也可以请两位学生分别扮演主人和客人，进行对话练习。

( ) 下次再来!
Xià cì zài lái!
( ) 不用送了，请回吧。
Bú yòng sòng le, qǐng huí ba.

4. 双人活动 Pair Work

你家是什么样的？请先简单填写下面的表格，然后根据表格的内容给同伴介绍一下你家的情况。**What does your house look like? Fill in the table briefly and describe your house to your partner.**

Word box

大 dà	小 xiǎo	漂亮 piàoliang	整齐 zhěngqí	干净 gānjìng	乱 luàn
拥挤 crowded yōngjǐ	画儿 picture huàr	家具 furniture jiājù	院子 courtyard yuànzi	布置 decorate bùzhì	
……得很 ……de hěn	热情 rèqíng	猫 cat māo	狗 dog gǒu	可爱 cute kě'ài	

● Fill in key words instead of sentences. Be quick to finish it.

你对自己家的印象 Impression of your own home	别人对你家的印象 Others' impression of your home	你家最有特色的东西 The most characteristic things at your home

给老师的提示：
讨论结束后，您可以让各小组说说他们的想法，以达到全班交流的目的。

5. 模拟表演 Simulation

三四人一组，根据以前在别人家做客或别人到你家做客的经历，编一个小话剧。可以准备一些道具。**Work in a group of 3 or 4 to perform a drama based on your own experiences of visiting others' houses or inviting others to your house. You can prepare some performance props.**

6. 成段表达 Expression

想想下面的问题，然后说说在你的国家去别人家做客的时候应该注意什么。**Think about the following questions and discuss what etiquettes should be followed when visiting other's home in your own country.**

(1) 去别人家以前应该做什么？不应该做什么？
Qù biérén jiā yǐqián yīnggāi zuò shénme? Bù yīnggāi zuò shénme?

(2) 到别人家以后应该做什么？不可以做什么？
Dào biérén jiā yǐhòu yīnggāi zuò shénme? Bù kěyǐ zuò shénme?

(3) 离开别人家的时候要做什么？不应该做什么？
Líkāi biérén jiā de shíhou yào zuò shénme? Bù yīnggāi zuò shénme?

Word box				
应该 yīnggāi	能 néng	可以 kěyǐ	要是…… yàoshi	一般 yìbān

7. 看图交流 Look and Share Information

两人一组，一个人看图A，一个人看图B。请用汉语对图A和图B进行比较，看看你们的图有什么不一样。Work in pairs. One looks at picture A and the other, picture B. Use Chinese to describe your picture as much as possible, and then compare with your partner's.

请进！
Qǐng jìn.

8. 常用语句 Useful Language

不好意思。
Bù hǎoyìsi.
I'm so shy.

写汉字 **C**hinese Characters

家庭
JiātÍng
Family

Unit
11

目标 Objectives

1　复习与家庭和职业相关的词语 *Review the words about families and occupations*
2　学会介绍自己的家庭 *Learn to introduce your family members*
3　学习介绍一个人 *Learn to introduce a person*

复习 Review

Word box	爸爸 bàba	妈妈 māma	哥哥 gēge	姐姐 jiějie	弟弟 dìdi	妹妹 mèimei	岁 suì	年纪 niánjì

1. 回答问题。**Answer questions.**

   (1) 你家住哪儿?
       Nǐ jiā zhù nǎr?

   (2) 你家有几口人?
       Nǐ jiā yǒu jǐ kǒu rén?

   (3) 他们是谁?
       Tāmen shì shéi?

   (4) 你爸爸做什么工作?
       Nǐ bàba zuò shénme gōngzuò?

   (5) 你妈妈做什么工作?
       Nǐ māma zuò shénme gōngzuò?

   (6) 介绍一下自己的哥哥（姐姐/弟弟/妹妹）。
       Jièshào yíxià zìjǐ de gēge (jiějie / dìdi / mèimei)

2. 看看下面的图，说说他们以后想做什么。**Look at the pictures and say what they plan to do in the future.**

家 庭

Word box

将来	当
jiānglái	dāng

① ② ③

生词 New Words

1 全家福 picture of a whole family quánjiāfú	2 爷爷 grandpa yéye	3 奶奶 grandma nǎinai
4 快（要）be about to kuài (yào)	5 另 another lìng	6 开 open kāi
7 公司 company gōngsī	8 护士 nurse hùshi	9 法学院 law school fǎ xuéyuàn
10 硕士 master shuòshì	11 研究生 postgraduate yánjiūshēng	12 律师 lawyer lǜshī
13 大学 university dàxué	14 高二 grade 2 of a senior high school gāo èr	15 表哥 cousin biǎo gē
16 妻子 wife qīzǐ	17 长 look like zhǎng	18 帅 handsome shuài
19 般配 perfect match bānpèi	20 身高 height shēngāo	21 篮球 basketball lánqiú
22 摄影 photograph shèyǐng	23 记者 journalist jìzhě	24 辛苦 tiring xīnkǔ

○搭配词语。**Use the proper words you've learnt to match the words below.**

快（要）＿＿＿＿＿＿＿＿＿＿＿＿了 　　　　开＿＿＿＿＿＿＿＿＿＿＿＿
kuài (yào)　　　　　　　　　　　le 　　　　kāi

另＿＿＿＿＿＿＿＿＿＿＿＿ 　　　　　　长得＿＿＿＿＿＿＿＿＿＿＿＿
lìng 　　　　　　　　　　　　　zhǎng de

句子 **S**entences

1. 前面坐着的是我的爷爷奶奶。 My grandpa and grandma are sitting in front.
   Qiánmiàn zuò zhe de shì wǒ de yéye nǎinai.

2. 他们快七十了。 They are nearly 70.
   Tāmen kuài qīshí le.

3. 你父母是做什么的？ What do your parents do?
   Nǐ fùmǔ shì zuò shénme de?

4. 我爸爸开了一家小公司。 My father has a small company.
   Wǒ bàba kāi le yì jiā xiǎo gōngsī.

5. 我妈妈在医院当护士。 My mother is a nurse in a hospital.
   Wǒ māma zài yīyuàn dāng hùshi.

6. 我哥哥是法学院的硕士研究生。 My elder brother is a postgraduate
   Wǒ gēge shì fǎ xuéyuàn de shuòshì yánjiūshēng. student in law school.

7. 他希望将来当个律师。 He hopes to be a lawyer in the future.
   Tā xīwàng jiānglái dāng ge lǜshī.

8. 她才上高二。 She is just in grade 2 of a senior high school.
   Tā cái shàng gāo èr.

9. 他比我大六岁。 He is 6 years older than me.
   Tā bǐ wǒ dà liù suì.

10. 他身高大概是一米九。 He is almost 1.9 meters tall.
    Tā shēngāo dàgài shì yì mǐ jiǔ.

● 从以上句子里选择合适的回答下面的问题。**Choose proper sentences above to answer the following questions.**

(1) 前面坐着的是谁？
Qiánmiàn zuò zhe de shì shéi?

(2) 你爷爷奶奶多大年纪了？
Nǐ yéye nǎinai duō dà niánjì le?

(3) 你爸爸做什么工作？
Nǐ bàba zuò shénme gōngzuò?

(4) 你妈妈做什么工作？
Nǐ māma zuò shénme gōngzuò?

(5) 他是做什么的？
Tā shì zuò shénme de?

(6) 他以后想做什么？
Tā yǐhòu xiǎng zuò shénme?

(7) 她上几年级？
Tā shàng jǐ niánjí?

(8) 他比你大几岁？
Tā bǐ nǐ dà jǐ suì?

(9) 他有多高？
Tā yǒu duō gāo?

情景 Scenes

李 静： 这是你家的"全家福"吧？
Lǐ Jìng： Zhè shì nǐ jiā de "quánjiāfú" ba?

朱 丽： 对。前面坐着的是我的爷爷奶奶。
Zhūlì： Duì. Qiánmiàn zuò zhe de shì wǒ de yéye nǎinai.

李 静： 他们看起来身体不错。他们多大年纪了[①]？
Lǐ Jìng： Tāmen kàn qǐ lái shēntǐ búcuò. Tāmen duō dà niánjì le?

朱 丽： 快七十了。
Zhūlì： Kuài qīshí le.

> ① "多大年纪了" is often used to ask an older person's age. "几岁了" and "多大了" are used to ask the age of children or young people.

李 静： 你们跟爷爷奶奶住在一起吗？
Lǐ Jìng： Nǐmen gēn yéye nǎinai zhù zài yìqǐ ma?

朱 丽： 不，他们住在另一个城市。
Zhūlì： Bù, tāmen zhù zài lìng yí ge chéngshì.

李 静： 你父母是做什么的？
Lǐ Jìng： Nǐ fùmǔ shì zuò shénme de?

1

朱 丽： 我爸爸开了一家小公司，我妈妈在医院当护士。
Zhūlì： Wǒ bàba kāi le yì jiā xiǎo gōngsī, wǒ māma zài yīyuàn dāng hùshi.

李 静： 你哥哥呢？
Lǐ Jìng： Nǐ gēge ne?

朱 丽： 我哥哥是法学院的硕士研究生，他希望将来当个律师。
Zhūlì： Wǒ gēge shì fǎ xuéyuàn de shuòshì yánjiūshēng, tā xīwàng jiānglái dāng ge lǜshī.

李 静： 你妹妹上大学了吗？
Lǐ Jìng： Nǐ mèimei shàng dàxué le ma?

朱 丽： 没有，她才②上高二。
Zhūlì: Méiyǒu, tā cái shàng gāo èr.

② Here "才", the same as "刚" and "只", indicates a small amount, low degree, early or short time. E.g. 他才两岁。/ 我才吃了一个。/ 现在才八点。

Li Jing: Is this the picture of your whole family?
Julie: Yeah. My grandpa and grandma are sitting in front.
Li Jing: They look pretty healthy. How old are they?
Julie: Nearly 70.
Li Jing: Do you stay with your grandpa and grandma?
Julie: No, they're in another city.
Li Jing: What do your parents do?
Julie: My father has a small company, and my mother is a nurse in a hospital.
Li Jing: And your elder brother?
Julie: My elder brother is a postgraduate student in law school. He hopes to be a lawyer in the future.
Li Jing: Does your sister go to college?
Julie: Not yet. She is just in grade 2 of a senior high school.

● 根据情景1回答问题。 **Answer the questions according to Scene 1.**

(1) 朱丽家有几口人？
Zhūlì jiā yǒu jǐ kǒu rén?

(2) 她跟爷爷奶奶住在一起吗？
Tā gēn yéye nǎinai zhù zài yìqǐ ma?

(3) 她家有几个人工作？
Tā jiā yǒu jǐ ge rén gōngzuò?

(4) 她妹妹上大学了吗？
Tā mèimei shàng dàxué le ma?

● 有问有答。 **Ask and answer.**

Ask	Answer
你父母是做什么的？ Nǐ fùmǔ shì zuò shénme de?	
	他快七十了。 Tā kuài qīshí le.
	不，他们住在另一个城市。 Bù, tāmen zhù zài lìng yí ge chéngshì.
你哥哥工作了吗？ Nǐ gēge gōngzuò le ma?	
	没有，她才上高二。 Méiyǒu, tā cái shàng gāo èr.

王 浩： 杰克，照片儿上这两个人是谁？
Wáng Hào: Jiékè, zhàopiānr shàng zhè liǎng ge rén shì shéi?

杰 克： 是我表哥和他的妻子。
Jiékè: Shì wǒ biǎogē hé tā de qīzi.

王 浩： 你表哥比你大几岁？
Wáng Hào: Nǐ biǎogē bǐ nǐ dà jǐ suì?

杰 克： 他比我大六岁。
Jiékè: Tā bǐ wǒ dà liù suì.

2

王 浩: 他长得真帅！他妻子也很漂亮。
Wáng Hào: Tā zhǎng de zhēn shuài! Tā qīzǐ yě hěn piàoliang.

杰 克: 这就是你们说的"般配"吧？
Jiékè: Zhè jiù shì nǐmen shuō de "bānpèi" ba?

王 浩: 没错！从照片儿上看，你表哥好像比你还③高。
Wáng Hào: Méi cuò! Cóng zhàopiānr shàng kàn, nǐ biǎo gē hǎoxiàng bǐ nǐ hái gāo.

杰 克: 是啊，他身高大概是一米九。
Jiékè: Shì ā, tā shēngāo dàgài shì yì mǐ jiǔ.

王 浩: 那么高！那他打篮球一定打得不错吧？
Wáng Hào: Nàme gāo! Nà tā dǎ lánqiú yídìng dǎ de búcuò ba?

杰 克: 打得不好，因为他不喜欢打篮球。
Jiékè: Dǎ de bù hǎo, yīnwèi tā bù xǐhuan dǎ lánqiú.

王 浩: 他现在做什么工作？
Wáng Hào: Tā xiànzài zuò shénme gōngzuò?

杰 克: 他是摄影记者。
Jiékè: Tā shì shèyǐng jìzhě.

王 浩: 这个工作很有意思，但是比较辛苦。
Wáng Hào: Zhège gōngzuò hěn yǒu yìsi, dànshì bǐjiào xīnkǔ.

杰 克: 是的，可是他很喜欢他的工作。
Jiékè: Shìde, kěshì tā hěn xǐhuan tā de gōngzuò.

③ Here "还", equal to "更", is used in a comparative sentence to stress the difference. E.g. 今天比昨天还热。/ 我下午比上午还忙。

Wang Hao:	Jack, who are the two in the picture?
Jack:	They're my cousin and his wife.
Wang Hao:	How much older is your cousin?
Jack:	He is 6 years older than me.
Wang Hao:	He is so handsome! And his wife is pretty.
Jack:	That's what you call a "perfect match", isn't that?
Wang Hao:	Yeah. On the picture your cousin looks taller than you.
Jack:	You're right. He is almost 1.9 meters tall.
Wang Hao:	So tall! And he must play basketball very well.
Jack:	Not really, because he doesn't like to play basketball.
Wang Hao:	What does he do now?
Jack:	He is a press photographer.
Wang Hao:	That job is interesting but tiring.
Jack:	Yeah, but he likes his job very much.

● 根据情景2回答问题。Answer the questions according to Scene 2.

(1) 杰克比他表哥小几岁？
Jiékè bǐ tā biǎo gē xiǎo jǐ suì?

(2) 他表哥长得怎么样？
Tā biǎo gē zhǎng de zěnmeyàng?

(3) 杰克和他表哥谁高？
Jiékè hé tā biǎo gē shéi gāo?

(4) 他表哥身高是多少？
Tā biǎo gē shēngāo shì duōshao?

(5) 他表哥做什么工作？
Tā biǎo gē zuò shénme gōngzuò?

(6) 他表哥觉得这个工作怎么样？
Tā biǎo gē juéde zhège gōngzuò zěnmeyàng?

○有问有答。Ask and answer.

Ask	Answer
	他是我表哥。 Tā shì wǒ biǎo gē.
你表哥比你大几岁？ Nǐ biǎo gē bǐ nǐ dà jǐ suì?	
	他身高大概一米七五。 Tā shēngāo dàgài yì mǐ qīwǔ.
他篮球打得不错吧？ Tā lánqiú dǎ de búcuò ba?	

我的同学

　　我叫安蒂，是德国人。今年九月，我来中国学习汉语。我们班有六个同学，四个女的、两个男的，来自五个不同的国家。

　　白姗是个漂亮的法国姑娘，她学习很努力。她喜欢旅游。大学毕业以后，她去过世界上很多国家。我很羡慕她。

　　英珠是韩国人，她大学刚毕业。她来中国学汉语是为了将来找工作。英珠和我一样，也喜欢喝啤酒，我们经常一起吃饭、聊天儿。

　　从泰国来的何江红很怕冷，所以每天都穿很多衣服。因为她的妈妈会说汉语，所以她学汉语学得比较快。有问题的时候，我常常问她。

　　我们班还有两个美国人——乔丹和艾丽斯，他们是一对夫妇。这次来中国学汉语，他们还带来了不到半岁的儿子。他们都是很开朗的人，很喜欢和大家聊天儿。

　　能认识他们，并和他们一起学习，我非常高兴。

Wǒ de Tóngxué

　　Wǒ jiào Āndì, shì Déguórén. Jīnnián jiǔ yuè, wǒ lái Zhōngguó xuéxí Hànyǔ. Wǒmen bān yǒu liù ge tóngxué, sì ge nǚ de, liǎng ge nán de, lái zì wǔ ge bù tóng de guójiā.

　　Báishān shì ge piàoliang de Fǎguó gūniang, tā xuéxí hěn nǔlì. Tā xǐhuan lǚyóu. Dàxué bìyè yǐhòu, tā qù guo shìjiè shàng hěn duō guójiā. Wǒ hěn xiànmù tā.

　　Yīngzhū shì Hánguórén, tā dàxué gāng bìyè. Tā lái Zhōngguó xué Hànyǔ shì wèile jiānglái zhǎo gōngzuò. Yīngzhū hé wǒ yíyàng, yě xǐhuan hē píjiǔ, Wǒmen jīngcháng yìqǐ chī fàn, liáo tiānr.

　　Cóng Tàiguó lái de Hé Jiānghóng hěn pà lěng, suǒyǐ měi tiān dōu chuān hěn duō yīfu. Yīnwèi tā de māma huì shuō Hànyǔ, suǒyǐ tā xué Hànyǔ xué de bǐjiào kuài. Yǒu wèntí de shíhou, wǒ chángcháng wèn tā.

　　Wǒmen bān hái yǒu liǎng ge Měiguórén —— Qiáodān hé Àilìsī, tāmen shì yí duì fūfù. Zhè cì lái Zhōngguó xué Hànyǔ, tāmen hái dài lái le bú dào bàn suì de érzi. Tāmen dōu shì hěn kāilǎng de rén, hěn xǐhuan hé dàjiā liáo tiānr.

　　Néng rènshi tāmen, bìng hé tāmen yìqǐ xuéxí, wǒ fēicháng gāoxìng.

3

Word box

来自 come from lái zì	毕业 graduate bìyè	羡慕 admire xiànmù	夫妇 couple fūfù	儿子 son érzi	开朗 sanguine kāilǎng

Proper Names

	德国 Germany Déguó	韩国 Korea Hánguó	泰国 Thailand Tàiguó	

● 根据短文回答问题。**Answer questions according the passage.**

(1) 他们班的学生来自几个国家？
Tāmen bān de xuésheng lái zì jǐ ge guójiā?

(2) 安蒂羡慕白珊什么？
Āndì xiànmù Báishān shénme?

(3) 英珠为什么来学汉语？
Yīngzhū wèi shénme lái xué Hànyǔ?

(4) 英珠喜欢做什么？
Yīngzhū xǐhuan zuò shénme?

(5) 何江红为什么学汉语学得比较快？
Hé Jiānghóng wèi shénme xué Hànyǔ xué de bǐjiào kuài?

(6) 乔丹是和谁一起来中国的？
Qiáodān shì hé shéi yìqǐ lái Zhōngguó de?

(7) 他们喜欢做什么？
Tāmen xǐhuan zuò shénme?

活动 Activities

1. 语音练习 Pronunciation

学说绕口令。**Learn to say the tongue twister.**

大哥个儿高，二哥个儿高，大哥二哥比个儿高。二哥说二哥个儿比大哥高，大哥说大哥儿个比二哥高。不知到底是大哥个儿比二哥高，还是二哥个儿比大哥高？

Dà gē gèr gāo, èr gē gèr gāo, dà gē èr gē bǐ gèr gāo. Èr gē shuō èr gē gèr bǐ dà gē gāo, dà gē shuō dà gē gèr bǐ èr gē gāo. Bù zhī dàodǐ shì dà gē gèr bǐ èr gē gāo, háishi èr gē gèr bǐ dà gē gāo?

My eldest brother is tall, and my second brother is also tall, but my eldest brother is taller than my second brother.
My second brother said he is taller than my eldest brother, and my eldest brother said he is taller than my second brother.
I am confused as to whether my eldest brother is taller than my second brother, or my second brother is taller than my eldest brother.

2. 替换练习 Substitution

用表格右侧的词语替换句中画线的部分，说出完整的句子。**Use the words on the right side to say several new and complete sentences.**

(1) <u>前面坐着</u>的是我的爷爷奶奶。 <u>Qiánmiàn zuò zhe</u> de shì wǒ de yéye nǎinai.	前面站着 qiánmiàn zhàn zhe	后边站着 hòubian zhàn zhe	前面走着 qiánmiàn zǒu zhe

(2) 我爸爸开了一家小公司。 Wǒ bàba kāi le yì jiā xiǎo gōngsī.	我叔叔、小商店 wǒ shūshu, xiǎo shāngdiàn	我妈妈、服装店 wǒ māma, fúzhuāng diàn	学校旁边、音像店 xuéxiào pángbiān, yīnxiàng diàn
(3) 我妈妈在医院当护士。 Wǒ māma zài yīyuàn dāng hùshi.	公司、经理 manager gōngsī, jīnglǐ	工厂 factory、会计 gōngchǎng, kuàijì	商店、售货员 shāngdiàn, shòuhuòyuán
(4) 他是法学院的硕士研究生。 Tā shì fǎ xuéyuàn de shuòshì yánjiūshēng.	食品店的老板 boss shípǐn diàn de lǎobǎn	大学的校长 president of a university dàxué de xiào zhǎng	公司的职员 clerk gōngsī de zhíyuán
(5) 他希望将来当个律师。 Tā xīwàng jiānglái dāng ge lǜshī.	经理 jīnglǐ	警察 policeman jǐngchá	工程师 engineer gōngchéngshī
(6) 她才上高二。 Tā cái shàng gāo èr.	五岁 wǔ suì	上小学 primary school shàng xiǎoxué	毕业 bìyè
(7) 他比我大六岁。 Tā bǐ wǒ dà liù suì.	小一岁 xiǎo yí suì	瘦一点儿 shòu yìdiǎnr	高两厘米 centimeter gāo liǎng límǐ
(8) 你表哥好像比你还高。 Nǐ biǎo gē hǎoxiàng bǐ nǐ hái gāo.	她妹妹、她、漂亮 tā mèimei, tā, piàoliang	今天、昨天、热 jīntiān, zuótiān, rè	这个商店、 zhège shāngdiàn, 那个商店、贵 nàge shāngdiàn, guì

3. 读儿歌 Read a Children's Song

先读一读下面的儿歌，然后说说你有哪些亲属。Read the children's song first and say which relatives you have.

爸爸的妈妈是奶奶，　　爸爸的爸爸是爷爷。
Bàba de māma shì nǎinai,　bàba de bàba shì yéye.
爸爸的兄弟是叔叔，　　爸爸的姐妹是姑姑。
Bàba de xiōngdì shì shūshu,　bàba de jiěmèi shì gūgu.
妈妈的妈妈是姥姥，　　妈妈的爸爸是姥爷。
Māma de māma shì lǎolao,　māma de bàba shì lǎoye.
妈妈的兄弟是舅舅，　　妈妈的姐妹是姨妈。
Māma de xiōngdì shì jiùjiu,　māma de jiěmèi shì yímā.

4. 小组活动 Group Work

三四个人一组，猜亲属的职业。每人选择一位自己的亲属，并用汉语介绍他（她）的职业特点，但不能说出职业名称，请同伴猜。猜的人可以用问问题的方式得到更多信息。Work in a group of 3 or 4. Each person uses Chinese to describe the occupation of one of his/her relatives and let the other group members guess. He/She can't say the name of the occupation. Guessing people may obtain more information through asking questions.

Requirements:

(1) 这位亲属的职业必须是真实的。The relative's occupation should be true.

(2) 猜的人只能问一次职业名称，如："他（她）是不是医生？"
The guessing people can ask the name of occupation only once, e.g. "他（她）是不是医生？"

Word box

写	画	卖	教	表演	运动	开车
xiě	huà	mài	jiāo	biǎoyǎn	yùndòng	kāi chē

弹琴 play an instrument	计算 calculate	抓 arrest 坏人	工厂	军队 army
tán qín	jìsuàn	zhuā huàirén	gōngchǎng	jūnduì

● you may also use such questions as:

他（她）是不是在……工作？
Tā shì bú shì zài …gōngzuò?

他（她）工作的地方是……吗？
Tā gōngzuò de dìfang shì…ma?

他（她）的工作是上课吗？
Tā de gōngzuò shì shàng kè ma?

他（她）经常……吗？
Tā jīngcháng…ma?

给老师的提示：
请先处理一下生词，再做练习。在活动开始前，您可以先让两个口语比较好的学生和您一起示范一下。

5. 全班活动 Class Work

评选 "家庭吉尼斯纪录"。Select "Family Guinness Record"

Word box

小组 group	记录 record	平均 average	年龄 age
xiǎozǔ	jìlù	píngjūn	niánlíng

☐ 住得最远的家庭（离你现在学习的地方最远）Family living farthest from the school
Zhù de zuì yuǎn de jiātíng (lí nǐ xiànzài xuéxí de dìfang zuì yuǎn)

☐ 人口最多的家庭 Family with most people
Rénkǒu zuì duō de jiātíng

☐ 平均年龄最大的家庭 Family with the oldest average age
Píngjūn niánlíng zuì dà de jiātíng

☐ 平均年龄最小的家庭 Family with the youngest average age
Píngjūn niánlíng zuì xiǎo de jiātíng

☐ 职业最多的家庭 Family with the most various occupations
Zhíyè zuì duō de jiātíng

● The following patterns may help you.

……多大了？
…duō dà le?

……多大年纪了？
…duō dà niánjì le?

(1) 三四人一组，互相了解家庭情况，并在小组内统计、评选。Work in a group of 3 or 4. Get to know each other's family information in order to make a selection in your group.

小组记录 Group Record

姓名 Name				
家住在哪儿 Where to live				
有几口人 How many persons in your family				
家里人的年龄 Their ages				
家里人做什么工作 Their jobs				

(2) 各组互相帮助，交流小组评选结果，然后在全班范围统计和评选。Share information and selection results with other groups and finally make a selection in the whole class.

全班记录 Class Record

	第一组 Group 1	第二组 Group 2	第三组 Group 3	第四组 Group 4
住得最远的家庭 Family living farthest from the school	住在_____			
人口最多的家庭 Family with most people	有_____口人			
平均年龄最大的家庭 Family with the oldest average age	平均_____岁			
平均年龄最小的家庭 Family with the youngest average age	平均_____岁			
职业最多的家庭 Family with the most various occupations	_____种职业			

给老师的提示：
您可以指定两三个同学帮助统计。

133

6. 成段表达 Expression

想想下面的问题，然后介绍一个自己喜欢的家人。Think about the following questions and describe one of your favorite family members to the class.

(1) 你最喜欢的一位家人是谁？
Nǐ zuì xǐhuan de yí wèi jiārén shì shéi?

(2) 他（她）长什么样？
Tā zhǎng shénme yàng?

(3) 他（她）是个什么样的人？有什么特点？
Tā shì ge shénme yàng de rén? Yǒu shénme tèdiǎn?

(4) 你为什么喜欢他（她）？
Nǐ wèi shénme xǐhuan tā?

(5) 你最喜欢跟他（她）一起做什么事？
Nǐ zuì xǐhuan gēn tā yìqǐ zuò shénme shì?

7. 看图交流 Look and Share Information

两人一组，一个人看图A，一个人看图B。请用汉语对图A和图B进行比较，看看你们的图有什么不一样。Work in pairs. One looks at picture A and the other, picture B. Use Chinese to describe your picture as much as possible, and then compare with your partner's.

A

8. 常用语句 Useful Language

你真像你爸爸。
Nǐ zhēn xiàng nǐ bāba.
You look like your father so much.

①

②

③

化妆品 cosmetic
huàzhuāngpǐn

消防员 fireman
xiāofángyuán

灭 pull out a fire
miè

134

写汉字 **C**hinese Characters

jiā					
家					

yé					
爷					

nǎi					
奶					

B

①

②

③

化妆品 cosmetic
huàzhuāngpǐn
消防员 fireman
xiāofángyuán
灭 pull out a fire
miè

爱 好
Àihào

Hobbies

1 复习与爱好相关的词语 *Review the words about hobbies*
2 学会了解和介绍个人爱好 *Learn to know and introduce your own hobbies*
3 学习了解和介绍业余生活 *Learn to know and introduce leisure life*

复习 Review

1. 读读下面的词语，在喜欢的项目前画✓，在不喜欢的项目前画✗。**Read the following words. Tick ✓ for the item you like and ✗ for that you dislike.**

☐ 学习	☐ 唱歌	☐ 跳舞	☐ 旅行	☐ 看电视
xuéxí	chàng gē	tiào wǔ	lǚxíng	kàn diànshì
☐ 看电影	☐ 读书	☐ 聊天儿	☐ 做饭	☐ 运动
kàn diànyǐng	dú shū	liáo tiānr	zuò fàn	yùndòng
☐ 听音乐	☐ 画画儿	☐ 玩儿电脑		
tīng yīnyuè	huà huàr	wánr diànnǎo		

2. 你最大的爱好是什么？问问班上的同学，找出和你有相同爱好的同学。**What's your favorite hobby? Ask your classmates and find out who has the same hobby as you.**

Word box	最	喜欢	爱	爱好
	zuì	xǐhuan	ài	àihào

给老师的提示：
您可以让爱好相同的学生站在一起，请他们告诉大家他们的爱好。

生词 New Words

1 建 build jiàn	2 网球 tennis wǎngqiú	3 场 court, field chǎng
4 好久 a long time hǎojiǔ	5 武术 martial art wǔshù	6 感兴趣 be interested in gǎn xìngqù
7 上网 surf on the Internet shàng wǎng	8 共同 common gòngtóng	9 社团 organization shètuán
10 活动 activity huódòng	11 合唱 chorus héchàng	12 团 group tuán
13 志愿者 volunteer zhìyuànzhě	14 老人 old people lǎorén	15 环境 environment huánjìng
16 保护 protect bǎohù	17 话剧 drama, stage play huàjù	18 演出 show, performance yǎnchū

○ 搭配词语。Use the proper words you've learnt to match the words below.

喜欢＿＿＿＿＿＿＿＿＿＿
xǐhuan

对＿＿＿＿＿＿＿＿＿＿感兴趣
duì　　　　　　　　　　gǎn xìngqù

＿＿＿＿＿＿＿＿＿的活动　参加＿＿＿＿＿＿＿＿
　　　　　　de huódòng　cānjiā

句子 Sentences

1. 你会打网球吗？ Can you play tennis?
   Nǐ huì dǎ wǎngqiú ma?

2. 你（打网球）的水平怎么样？ How well do you (play tennis)?
   Nǐ (dǎ wǎngqiú) de shuǐpíng zěnmeyàng?

137

3. 我每个星期练两三次。 I practice 2 or 3 times per week.
   Wǒ měi ge xīngqī liàn liǎng sān cì.

4. 除了打网球以外，你还喜欢什么运动？ Besides playing tennis, what
   Chúle dǎ wǎngqiú yǐwài, nǐ hái xǐhuan shénme   other sports do you like?
   yùndòng?

5. 我对武术特别感兴趣。 I'm especially interested in martial arts.
   Wǒ duì wǔshù tèbié gǎn xìngqù.

6. 没课的时候你一般做什么？   What do you usually do when
   Méi kè de shíhou nǐ yìbān zuò shénme?   you have no class?

7. 有的时候上上网、听听音乐什么的。 Sometimes I surf on the Internet,
   Yǒude shíhou shàngshang wǎng、tīngting   listen to music, and so on.
   yīnyuè shénmede.

8. 我喜欢上网，特别是在   I like surfing on the Internet too, espe-
   Wǒ xǐhuan shàng wǎng, tèbié shì zài cially chatting with others on the
   网上跟别人聊天儿。   Internet.
   wǎng shàng gēn biérén liáo tiānr.

9. 我参加过合唱团。 I attended a chorus.
   Wǒ cānjiā guo héchàng tuán.

🔵 他们可能说了什么？ **What might they say?**

● Use the sentences you just learnt.

我打得不错。
Wǒ dǎ de búcuò.

我还喜欢游泳。
Wǒ hái xǐhuan yóuyǒng.

①   ②

138

③   ④

情景 Scenes

王浩： Wáng Hào:	杰克，你会打网球吗？ Jiékè, nǐ huì dǎ wǎngqiú ma?
杰克： Jiékè:	会啊，这是我最喜欢的运动！ Huì ā, zhè shì wǒ zuì xǐhuan de yùndòng!
王浩： Wáng Hào:	你的水平怎么样？ Nǐ de shuǐpíng zěnmeyàng?
杰克： Jiékè:	还可以①。 Hái kěyǐ.
王浩： Wáng Hào:	你经常练吗？ Nǐ jīngcháng liàn ma?
杰克： Jiékè:	我每个星期练两三次。 Wǒ měi ge xīngqī liàn liǎng sān cì.
王浩： Wáng Hào:	我们学校有个新建的网球场，什么时候②咱们一起去吧。 Wǒmen xuéxiào yǒu ge xīn jiàn de wǎngqiú chǎng, shénme shíhou zánmen yìqǐ qù ba.
杰克： Jiékè:	那太好了，我好久没机会练了。 Nà tài hǎo le, wǒ hǎojiǔ méi jīhuì liàn le.
王浩： Wáng Hào:	除了打网球以外，你还喜欢什么运动？ Chúle dǎ wǎngqiú yǐwài, nǐ hái xǐhuan shénme yùndòng?
杰克： Jiékè:	最近我对③武术特别感兴趣，正跟一个老师学呢。 Zuìjìn wǒ duì wǔshù tèbié gǎn xìngqù, zhèng gēn yí ge lǎoshī xué ne.
王浩： Wáng Hào:	是吗？能不能表演一下？ Shì ma? Néng bù néng biǎoyǎn yíxià?
杰克： Jiékè:	不行不行，我刚学了几次！ Bù xíng bù xíng, wǒ gāng xué le jǐ cì!

① "还可以" means *just so so*. It suggests a tone of modesty.
② Here "什么时候" doesn't indicate interrogation, but some intention. It has a meaning of *some time*.
③ Here "对" is a preposition, used to introduce the object related to "感兴趣". E.g. 对音乐感兴趣, 对历史感兴趣.

1

Wang Hao:	Jack, can you play tennis?
Jack:	Yes, I can. That's my favorite sport.
Wang Hao:	How well do you play tennis?
Jack:	So so.
Wang Hao:	Do you often practice?
Jack:	I practice 2 or 3 times per week.
Wang Hao:	There is a newly built tennis court on campus. Let's go and play some time.
Jack:	That's great. I haven't had the opportunity to practice for a long time.
Wang Hao:	Besides playing tennis, what other sports do you like?
Jack:	I'm recently especially interested in martial arts. I'm learning it from a master.
Wang Hao:	Really? Could you show me a little bit?
Jack:	No, no. I just learned a few times.

◉ 根据情景1回答问题。 **Answer the questions according to Scene 1.**

(1) 杰克最喜欢的运动是什么？
Jiékè zuì xǐhuan de yùndòng shì shénme?

(2) 他经常练吗？
Tā jīngcháng liàn ma?

(3) 现在他可以去哪儿练？
Xiànzài tā kěyǐ qù nǎr liàn?

(4) 杰克还对什么运动感兴趣？
Jiékè hái duì shénme yùndòng gǎn xìngqù?

(5) 杰克学武术的时间长吗？
Jiékè xué wǔshù de shíjiān cháng ma?

◉ 有问有答。**Ask and answer.**

Ask	Answer
	会啊。 Huì ā.
	我的水平还可以。 Wǒ de shuǐpíng hái kěyǐ.
你经常练吗？ Nǐ jīngcháng liàn ma?	
除了打网球以外，你还喜欢什么运动？ Chúle dǎ wǎngqiú yǐwài, nǐ hái xǐhuan shénme yùndòng?	
	我对武术很感兴趣。 Wǒ duì wǔshù hěn gǎn xìngqù.

朱 丽： Zhūlì:	没课的时候你一般做什么？ Méi kè de shíhou nǐ yìbān zuò shénme?
李 静： Lǐ Jìng:	有的时候看看书，有的时候上上网、听听音乐什么的。 Yǒude shíhou kànkan shū, yǒude shíhou shàngshang wǎng, tīngting yīnyuè shénmede.
朱 丽： Zhūlì:	我也喜欢上网，特别是在网上跟别人聊天儿。 Wǒ yě xǐhuan shàng wǎng, tèbié shì zài wǎng shàng gēn biérén liáo tiānr.

2

140

李　静： 你一般跟什么样的人聊得最多？
Lǐ Jìng： Nǐ yìbān gēn shénmeyàng de rén liáo de zuì duō?

朱　丽： 一些有共同爱好的人。
Zhūlì： Yìxiē yǒu gòngtóng àihào de rén.

李　静： 在你们那儿学生的社团活动多吗？
Lǐ Jìng： Zài nǐmen nàr xuésheng de shètuán huódòng duō ma?

朱　丽： 很多。我参加过合唱团，还当过志愿者。
Zhūlì： Hěn duō. Wǒ cānjiā guo héchàng tuán, hái dāng guo zhìyuànzhě.

李　静： 是吗？志愿者都做些什么？
Lǐ Jìng： Shì ma? Zhìyuànzhě dōu zuò xiē shénme?

朱　丽： 帮助一些老人，或者参加环境保护方面的活动。
Zhūlì： Bāngzhù yìxiē lǎorén, huòzhě cānjiā huánjìng bǎohù fāngmiàn de huódòng.

李　静： 我们这儿也有很多活动。我参加了大学生话剧团。
Lǐ Jìng： Wǒmen zhèr yě yǒu hěn duō huódòng. Wǒ cānjiā le dàxuéshēng huàjù tuán.

朱　丽： 那一定很有意思！希望我也有机会看你的演出。
Zhūlì： Nà yídìng hěn yǒu yìsi! Xīwàng wǒ yě yǒu jīhuì kàn nǐ de yǎnchū.

Julie:	What do you usually do when you have no class?
Li Jing:	Sometimes I read books; sometimes I surf on the Internet, listen to music, and so on.
Julie:	I like surfing on the Internet too, especially chatting with others on the Internet.
Li Jing:	What kind of people do you chat with most?
Julie:	Some people with the same hobbies.
Li Jing:	Are there many student organization activities in your hometown?
Julie:	Yeah, a lot. I attended a chorus, and was as a volunteer.
Li Jing:	Really? What does a volunteer do?
Julie:	Help some old people and attend activities for protecting the environment.
Li Jing:	We have a lot of activities as well. I attended the College Student Drama Troupe.
Julie:	That must be very interesting. I hope I have an opportunity to watch your performance.

○ 根据情景2补全下面这两段话。**Complete the following paragraphs according to Scene 2.**

没课的时候，李静有的时候＿＿＿＿＿＿，有的时候＿＿＿＿＿＿＿什
Méi kè de shíhou, Lǐ Jìng yǒude shíhou　　　　 yǒude shíhou　　　　　 shén-
么的。她还参加了＿＿＿＿。
mede. Tā hái cānjiā le　　　.

朱丽业余时间喜欢＿＿＿＿，特别是喜欢跟＿＿＿＿＿在网上聊天
Zhūlì yèyú shíjiān xǐhuan　　　　 tèbié shì xǐhuan gēn　　　　　 zài wǎng shàng liáo
儿。在朱丽她们那儿，学生的＿＿＿＿很多。朱丽参加过＿＿＿＿＿，
tiānr. Zài Zhūlì tāmen nàr, xuésheng de　　　 hěn duō. Zhūlì cānjiā guo　　　　,
还当过＿＿＿＿，帮助＿＿＿＿，或者参加＿＿＿＿＿的活动。
hái dāng guo　　　 bāngzhù　　　 huòzhě cānjiā　　　　 de huódòng.

Ask	Answer
没课的时候你一般做什么？ Méi kè de shíhou nǐ yìbān zuò shénme?	
	我一般跟有共同爱好的人聊天儿。 Wǒ yìbān gēn yǒu gòngtóng àihào de rén liáo tiānr.
在你们那儿学生的社团活动多吗？ Zài nǐmen nàr xuésheng de shètuán huódòng duō ma?	
	我参加过合唱团。 Wǒ cānjiā guo héchàng tuán.

我的业余生活

　　大家都说我是个特别爱学习的人。其实，我也很爱玩儿。学习以外的休息时间我一直坚持四项活动：

　　一是游泳。我是8岁开始学游泳的。游泳既能锻炼身体，又能使人放松心情。二是打太极拳。两年前我有机会认识了一位老师，在他的影响下，我开始喜欢太极拳。三是听音乐。我是一个古典音乐的爱好者。当我感到累的时候，在音乐中可以得到最好的休息。当然了，好听的流行音乐我也喜欢。四是阅读。阅读使人增长见识，开阔眼界，所以我每天最少看两个小时的书。

　　周末的时候，我喜欢逛逛书店，买几本好书。或是摆上几杯红酒，和朋友们一起聊聊天儿。

　　如果有假期，我喜欢去旅游，我已经去过很多地方了。但是我觉得去过的地方越多，就越想去更多的地方。

Wǒ de Yèyú Shēnghuó

　　Dàjiā dōu shuō wǒ shì ge tèbié ài xuéxí de rén. Qíshí, wǒ yě hěn ài wánr. Xuéxí yǐwài de xiūxi shíjiān wǒ yìzhí jiānchí sì xiàng huódòng:

　　Yī shì yóuyǒng. Wǒ shì bā suì kāishǐ xué yóuyǒng de. Yóuyǒng jì néng duànliàn shēntǐ, yòu néng shǐ rén fàngsōng xīnqíng. Èr shì dǎ tàijíquán. Liǎng nián qián wǒ yǒu jīhuì rènshi le yí wèi lǎoshī, zài tā de yǐngxiǎng xià, wǒ kāishǐ xǐhuan tàijíquán. Sān shì tīng yīnyuè. Wǒ shì yí ge gǔdiǎn yīnyuè de àihào zhě. Dāng wǒ gǎn dào lèi de shíhou, zài yīnyuè zhōng kěyǐ dédào zuì hǎo de xiūxi. Dāngrán le, hǎotīng de liúxíng yīnyuè wǒ yě xǐhuan. Sì shì yuèdú. Yuèdú shǐ rén zēngzhǎng jiànshi, kāikuò yǎnjiè. Suǒyǐ wǒ měi tiān zuì shǎo kàn liǎng ge xiǎoshí de shū.

　　Zhōumò de shíhou, wǒ xǐhuan guàngguang shū diàn, mǎi jǐ běn hǎo shū. Huò shì bǎi shàng jǐ bēi hóng jiǔ, hé péngyou men yìqǐ liáo- liao tiānr.

　　Rúguǒ yǒu jiàqī, wǒ xǐhuan qù lǚyóu, wǒ yǐjīng qù guo hěn duō dìfang le. Dànshì wǒ juéde qù guo de dìfang yuè duō, jiù yuè xiǎng qù gèng duō de dìfang.

3

Word box				
坚持 persist in jiānchí	项 measure word for itemized things xiàng		既……又…… both...and... jì yòu	
使 make shǐ	放松 relax fàngsōng	心情 mood xīnqíng	影响 affect yǐngxiǎng	古典 classical gǔdiǎn
爱好者 amateur àihào zhě	流行 popular liúxíng	阅读 read yuèdú	增长 enlarge zēngzhǎng	见识 view jiànshi
开阔 broaden kāikuò	眼界 horizon yǎnjiè	逛 stroll guàng	假期 holiday jiàqī	

○ 根据短文回答问题。**Answer questions according to the passage.**

(1) 他业余时间坚持做什么？
Tā yèyú shíjiān jiānchí zuò shénme?

(2) 他什么时候开始学游泳的？
Tā shénme shíhou kāishǐ xué yóuyǒng de?

(3) 他为什么喜欢游泳？
Tā wèi shénme xǐhuan yóuyǒng?

(4) 他怎么开始喜欢太极拳的？
Tā zěnme kāishǐ xǐhuan tàijíquán de?

(5) 他觉得音乐有什么好处？
Tā juéde yīnyuè yǒu shénme hǎochù?

(6) 他喜欢什么样的音乐？
Tā xǐhuan shénmeyàng de yīnyuè?

(7) 他觉得阅读有什么好处？
Tā juéde yuèdú yǒu shénme hǎochù?

(8) 他每天阅读多长时间？
Tā měi tiān yuèdú duō cháng shíjiān?

(9) 周末他一般做什么？
Zhōumò tā yìbān zuò shénme?

活动 **A**ctivities

1. 语音练习 Pronunciation

学说绕口令。Learn to say the tongue twister.

对门田老四，
Duìmén Tián lǎosì,
喜欢看电视。
Xǐhuan kàn diànshì.
电视里演戏，
Diànshì lǐ yǎnxì,
戏里有田老师。
Xì lǐ yǒu Tián lǎoshī.

Tian Laosi who lives opposite to my house,
Likes watching TV,

The show on TV,

Is performed by Tian Laoshi.

给老师的提示：
您可以让学生试一试能连续说多少遍不错。

2. 替换练习 Substitution

用表格右侧的词语替换句中画线的部分，说出完整的句子。Use the words on the right side to say several new and complete sentences.

(1)	你会打<u>网球</u>吗？ Nǐ huì dǎ wǎngqiú ma?	跳舞 tiào wǔ	踢足球 football, soccer tī zúqiú	弹钢琴 piano tán gāngqín
(2)	我每个星期练<u>两三</u>次。 Wǒ měi ge xīngqī liàn liǎng sān cì.	每、一 měi. yī	两、一 liǎng. yī	三、一 sān. yī
(3)	除了<u>打网球</u>以外，你还喜欢 Chúle dǎ wǎngqiú yǐwài, nǐ hái 什么运动？ xǐhuan shénme yùndòng?	画画儿、喜欢做什么 huà huàr. xǐhuan zuò shénme	长城、去过哪儿 Cháng Chéng. qù guo nǎr	英语、会哪种语言 Yīngyǔ. huì nǎ zhǒng yǔyán
(4)	我对<u>武术</u>特别感兴趣。 Wǒ duì wǔshù tèbié gǎn xìngqù.	电影 diànyǐng	历史 lìshǐ	电脑游戏 game diànnǎo yóuxì
(5)	<u>上上网、听听音乐</u>什么的。 Shàngshang wǎng, tīng- ting yīnyuè shénmede.	复习复习、看看电视 fùxí fùxí. kànkan diànshì	玩玩儿游戏、聊聊天儿 wánwanr yóuxì. liáoliao tiānr	买买东西、逛逛街 go shopping mǎimai dōngxi. guàngguang jiē
(6)	我喜欢<u>上网</u>，特别是在网上跟 Wǒ xǐhuan shàng wǎng, tèbié shì 别人聊天儿。 zài wǎng shàng gēn biérén liáo tiānr.	运动、打篮球 yùndòng. dǎ lánqiú	音乐、流行音乐 yīnyuè. liúxíng yīnyuè	看书、小说 novel kàn shū. xiǎoshuō

3. 双人活动 Pair Work

了解一下同伴做这些活动的次数。Find out how frequent your partner does the following activities.

从来不 never cóng lái bù	很少 hěn shǎo	每天 měi tiān
每星期一次 měi xīngqī yī cì	每个月一两次 měi gè yuè yī liǎng cì	一年一两次 yī nián yī liǎng cì

项目 Activities	活动的次数 Frequency
打篮球 dǎ lánqiú	
踢足球 tī zúqiú	
游泳 yóuyǒng	
爬山 pá shān	
跑步 pǎo bù	

看电影 kàn diànyǐng	
上网 shàng wǎng	
旅游 lǚyóu	

4. 全班活动 Class Work

请你调查一下大家的爱好和业余生活，并把大家说的情况简单记录在表格里。Make a survey on the student's hobbies and leisures. Fill the information you get in the table briefly.

Word box

喜欢 xǐhuan	爱 ài	爱好 àihào
除了……以外，还…… chúle…… yǐwài, hái ……		对……感兴趣 duì…… gǎn xìngqù

姓名 Name	爱好 Hobbies		业余生活 Leisure life	
	有什么爱好 Hobby	频次 Frequency	业余时间 还做什么 Other activity in leisure life	频次 Frequency
1.	1.		1.	
	2.		2.	
	3.		3.	
2.	1.		1.	
	2.		2.	
	3.		3.	
3.	1.		1.	
	2.		2.	
	3.		3.	
4.	1.		1.	
	2.		2.	
	3.		3.	

给老师的提示：
您可以给学生规定时间，并鼓励他们每个人尽可能多采访几个人。

5. **小组活动 Group Work**

三四人一组，分析总结调查结果。说说你们有什么发现和新想法。Work in a group of 3 or 4 to analyze and summarize the results of the survey. What do you find out from the results and what new idea do you have?

6. **成段表达 Expression**

想想下面的问题，然后介绍一下你们国家的人在运动方面的爱好。Think about the following questions and introduce the favorite sport in your country.

(1) 你们国家的人喜欢运动吗？
Nǐmen guójiā de rén xǐhuan yùndòng ma?

(2) 在业余时间人们一般喜欢哪几项运动？
Zài yèyú shíjiān rénmen yìbān xǐhuan nǎ jǐ xiàng yùndòng?

(3) 什么运动是人们最喜欢的运动？
Shénme yùndòng shì rénmen zuì xǐhuan de yùndòng?

(4) 为什么你说这项运动是大家最喜欢的？
Wèi shénme nǐ shuō zhè xiàng yùndòng shì dàjiā zuì xǐhuan de?

(5) 在你们国家，这项运动的水平怎么样？
Zài nǐmen guójiā, zhè xiàng yùndòng de shuǐpíng zěnmeyàng?

(6) 你自己喜欢什么运动？经常参加吗？
Nǐ zìjǐ xǐhuan shénme yùndòng? Jīngcháng cānjiā ma?

7. **看图交流 Look and Share Information**

两人一组，一个人看图A，一个人看图B。请用汉语对图A和图B进行比较，看看你们的图有什么不一样。Work in pairs. One looks at picture A and the other, picture B. Use Chinese to describe your picture as much as possible, and then compare with your partner's.

球拍 racket
qiúpāi

8. 常用语句 Useful Language

真痛快!
Zhēn tòngkuai!
It's really a refreshing bath!

写汉字 **C**hinese Characters

● In next lesson you are required to introduce the place you've visited or sightseen to your partner. Please prepare some photos, pictures and souvenirs of that place for your partner's better understanding.

旅行
Lǚxíng

Traveling

目标 Objectives

1 复习与参观游览相关的词语 *Review the words about visiting and traveling*

2 学会简单叙述参观游览的经历 *Learn to simply narrate experiences during visits and travels*

3 学习简单比较两个地方 *Learn to simply compare two places*

给老师的提示：
这一课的活动4（2）需要学生在课前准备自己在某个地方旅游的照片等资料。请您提醒学生上课时带来，以便更好地完成活动。

复习 Review

Word box						
安排 ānpái	参观 cānguān	城市 chéngshì	农村 nóngcūn	出发 chūfā	地方 dìfang	饭店 fàndiàn
房间 fángjiān	坐 zuò	飞机 fēijī	机场 jīchǎng	火车 huǒchē	公园 gōngyuán	集合 jíhé
回来 huílái	票 piào	收拾 shōushi	遇到 yùdào	注意 zhùyì	准备 zhǔnbèi	

1. 把词库里的词语分类填入表中。**Classify the words in the word box and write them in the table.**

旅行以前 Before a trip	旅行中 During a trip	旅行后 After a trip
安排、地方 ……	集合……	

2. 两人一组，和同伴说说旅行前和旅行中要做哪些事情。**Talk with your partner about what you will do before and during a trip.**

给老师的提示：
小组活动结束后，您可以让一两个组说一说，以达到全班交流、复习的目的。

生词 New Words

1	趟 measure word tàng	2	名胜 place of interest míngshèng	3	古迹 historic site gǔjì
4	紧 tight jǐn	5	省 province shěng	6	博物馆 museum bówùguǎn
7	感觉 feeling gǎnjué	8	简直 rather jiǎnzhí	9	棒 amazing, wonderful bàng
10	景点 scenery spot jǐngdiǎn	11	值得 worth zhí dé	12	待 stay dāi
13	差不多 almost chàbuduō	14	现代化 modern xiàndàihuà	15	不过 but búguò
16	浪漫 romantic làngmàn	17	东方 the Orient dōngfāng	18	美称 good name měichēng
19	船 boat chuán	20	游览 visit yóulǎn	21	欣赏 appreciate xīnshǎng
22	夜景 night scenery yèjǐng	23	粘 sticky, glutinous nián	24	南方 the south nánfāng
25	湿度 humidity shīdù	26	雨水 rain yǔshuǐ	27	北方 the north běifāng
28	提 mention tí	29	淋 be caught in lín	30	湿 wet shī

Proper Names

1	西安 Xi'an Xī'ān	2	兵马俑 Terracotta Warriors and Horses Bīngmǎyǒng	3	华清池 Huaqing Hot Spring Huáqīng Chí

4	上海 Shanghai Shànghǎi	5	北京 Beijing Běijīng	6	巴黎 Paris Bālí
7	黄浦江 Huangpu River Huángpǔ Jiāng				

○ 搭配词语。Use the proper words you've learnt to match the words below.

感觉_____   值得_____
gǎnjué   zhí dé

跟_____差不多   游览_____
gēn   chàbuduō   yóulǎn

欣赏_____
xīnshǎng

句子 **S**entences

1. 我们去了一趟西安。We went to Xi'an.
   Wǒmen qù le yí tàng Xī'ān.

2. 我们坐飞机去的。We went there by plane.
   Wǒmen zuò fēijī qù de.

3. 因为时间紧，所以我们只去看   As time was rather tight, we only went to
   Yīnwèi shíjiān jǐn, suǒyǐ wǒmen zhǐ qù kàn le   the Museum of Shaanxi Province, the
   了省博物馆、兵马俑和华清池。   Terracotta Warriors and Horses,
   Shěng Bówùguǎn, Bīngmǎyǒng hé Huáqīng Chí.   and the Huaqing Hot Spring.

4. 简直太棒了！They're wonderful!
   Jiǎnzhí tài bàng le!

5. （兵马俑）很值得一看。The Terracotta Warriors and Horses is
   (Bīngmǎyǒng) hěn zhí dé yí kàn.   very much worth visiting.

151

6. 在那儿待了几天？　How long did you stay?
   Zài nàr dāi le jǐ tiān?

7. 上海跟北京差不多。 Shanghai is almost the same as Beijing.
   Shànghǎi gēn Běijīng chàbuduō.

8. 上海好像比北京更浪漫一点儿。　It seems that Shanghai is a bit
   Shànghǎi hǎoxiàng bǐ Běijīng gèng làngmàn yìdiǎnr. more romantic than Beijing.

9. 我们坐着船游览了黄浦江。　We had a cruise along the
   Wǒmen zuò zhe chuán yóulǎn le Huángpǔ Jiāng. Huangpu River.

10. 感觉好极了。 We felt so great!
    Gǎnjué hǎo jí le.

○ 挑战记忆：老师去掉句子的一部分，请你说出原来的句子。Challenge your memory: the teacher will erase a part of each sentence, and the students will try to say the original sentences.

● Read the sentences several more times so that you can memorize them.

情景 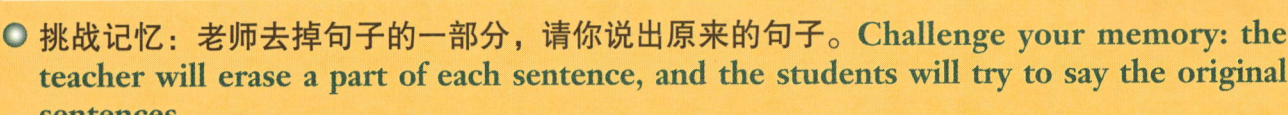cenes

王　浩：　朱丽，周末去哪儿了？
Wáng Hào:　Zhūlì, zhōumò qù nǎr le?

朱　丽：　我们去了一趟西安。
Zhūlì:　Wǒmen qù le yí tàng Xī'ān.

王　浩：　是坐火车去的吗？
Wáng Hào:　Shì zuò huǒchē qù de ma?

朱　丽：　不是，我们坐飞机去的。
Zhūlì:　Bú shì, wǒmen zuò fēijī qù de.

王 浩： Wáng Hào:	西安的名胜古迹很多。你们参观了哪些地方？ Xī'ān de míngshèng gǔjì hěn duō. Nǐmen cānguān le nǎxiē dìfang?
朱 丽： Zhūlì:	因为时间紧，所以我们只去看了省博物馆、兵马俑和华 Yīnwèi shíjiān jǐn, suǒyǐ wǒmen zhǐ qù kàn le Shěng Bówùguǎn, Bīngmǎyǒng 清池。 hé Huáqīng Chí.
王 浩： Wáng Hào:	感觉怎么样？ Gǎnjué zěnmeyàng?
朱 丽： zhūlì:	简直太棒了！这三个景点都很好，特别是兵 Jiǎnzhí tài bàng le! Zhè sān ge jǐngdiǎn dōu hěn hǎo, tèbié 马俑，很值得一看。 shì Bīngmǎyǒng, hěn zhí dé yí kàn.

1

Wang Hao:	Julie, where did you go during weekend?
Julie:	We went to Xi'an.
Wang Hao:	Did you go there by train?
Julie:	No, by plane.
Wang Hao:	There are a lot of places of historic interest and scenic beauty in Xi'an. Where did you visit?
Julie:	As time was rather tight, we only went to the Museum of Shaanxi Province, the Terracotta Warriors and Horses, and the Huaqing Hot Spring.
Wang Hao:	How were these?
Julie:	They're wonderful! All three places are amazing, especially the Terracotta Warriors and Horses is very much worth visiting.

● 根据情景1补全下面这段话。 **Complete the following paragraph according to Scene 2.**

朱丽他们周末＿＿＿＿＿＿。他们是＿＿＿＿＿＿去的。西安的名胜古
Zhūlì tāmen zhōumò ＿＿＿＿＿. Tāmen shì ＿＿＿＿＿ qù de. Xī'ān de míngsh-
迹很多，可是因为＿＿＿＿＿，所以朱丽他们只去看了＿＿＿＿＿个景
èng gǔjì hěn duō, kěshì yīnwèi ＿＿＿＿＿, suǒyǐ Zhūlì tāmen zhǐ qù kàn le ＿＿＿＿＿ ge jǐng-
点。朱丽最喜欢＿＿＿＿＿，她觉得很值得＿＿＿＿＿。
diǎn. Zhūlì zuì xǐhuan ＿＿＿＿＿, tā juéde hěn zhí dé ＿＿＿＿＿.

● 有问有答。 **Ask and answer.**

Ask	Answer
	我们去了一趟西安。 Wǒmen qù le yí tàng Xī'ān.
	我们是坐飞机去的。 Wǒmen shì zuò fēijī qù de.
你们都参观了哪些地方？ Nǐmen dōu cānguān le nǎxiē dìfang?	
感觉怎么样？ Gǎnjué zěnmeyàng?	

2

李 静: Lǐ Jìng:	杰克，听说你去上海了？ Jiékē, tīngshuō nǐ qù Shànghǎi le?
杰 克: Jiékē:	是啊，今天早晨刚回来。 Shì ā, jīntiān zǎochén gāng huí lái.
李 静: Lǐ Jìng:	在那儿待了几天？ Zài nǎr dāi le jǐ tiān?
杰 克: Jiékē:	两天。 Liǎng tiān.
李 静: Lǐ Jìng:	你觉得上海怎么样？ Nǐ juéde Shànghǎi zěnmeyàng?
杰 克: Jiékē:	上海跟北京差不多，都是现代化的大城市。不过， Shànghǎi gēn Běijīng chàbuduō, dōu shì xiàndàihuà de dà chéngshì. Búguò, 上海好像比北京更浪漫一点儿。 Shànghǎi hǎoxiàng bǐ Běijīng gèng làngmàn yìdiǎnr.
李 静: Lǐ Jìng:	对，上海还有"东方巴黎"的美称呢。你们去 Duì, Shànghǎi hái yǒu "Dōngfāng Bālí" de měichēng ne. Nǐmen qù 黄埔江边了吗？ Huángpǔ Jiāng biān le ma?
杰 克: Jiékē:	去了。第一天晚上我们就坐着船游览了黄浦江。一边听着音 Qù le. Dì-yī tiān wǎnshang wǒmen jiù zuò zhe chuán yóulǎn le Huángpǔ Jiāng. Yì 乐，一边欣赏上海的夜景，感觉好极了。 biān tīng zhe yīnyuè, yìbiān xīnshǎng Shànghǎi de yèjǐng, gǎnjué hǎo jí le.
李 静: Lǐ Jìng:	上海的天气怎么样？ Shànghǎi de tiānqì zěnmeyàng?
杰 克: Jiékē:	比北京更热一些，身上总是粘粘的①。 Bǐ Běijīng gèng rè yìxiē, shēnshang zǒng shì niánnián de .
李 静: Lǐ Jìng:	对，南方的湿度大，雨水也比北方多。你在那儿的时候下雨 Duì, nánfāng de shīdù dà, yǔshuǐ yě bǐ běifāng duō. Nǐ zài nǎr de shíhou xià yǔ 了吗？ le ma?
杰 克: Jiékē:	别提了②！第二天下了一天的雨，我的裤子和运动鞋全淋湿③了！ Biétí le! Dì-èr tiān xià le yì tiān de yǔ, wǒ de kùzi hé yùndòng xié quán lín shī le!

---

① "粘粘的"，the reduplication of adjective "粘"，means *sticky, glutinous or adhesive*. "AA的" indicates a higher degree. E.g. 头发长长的，脸红红的.

② "别提了" indicates a bad condition which the speaker isn't willing to mention.

③ "Verb+湿" indicates that certain action or state makes someone or something become wet, and "湿" is a kind of result. E.g. "淋湿" indicates that someone is wet after caught in a rain. "弄湿了衣服" indicates certain action makes the clothes wet.

Li Jing: Jack, I heard that you went to Shanghai.
Jack: Yeah, I just came back this morning.
Li Jing: How long did you stay?
Jack: Two days.
Li Jing: What do you think of Shanghai?
Jack: Shanghai is a modern metropolitan, almost the same as Beijing. But it seems that Shanghai is a bit more romantic than Beijing.
Li Jing: I agree. Shanghai has a beautiful name of Orient Paris. Did you go the Huangpu River?
Jack: Sure. During the first evening, we had a cruise along the Huangpu River. We appreciated Shanghai's night scenery as listened to music. We felt so great!
Li Jing: How was the weather in Shanghai?
Jack: It felt hotter than Beijing, and we always felt sticky all over.
Li Jing: Yeah, it's more humid in southern China and has more rain as well than northern China.
Jack: Don't mention it. It rained all day on the second day, and my pants and sport shoes were all wet!

○ 根据情景2判断正误。对的画✓，错的画✗。**Make judgments according to Scene 2. Mark ✓ for true and ✗ for false.**

☐ (1) 杰克今天早晨刚从上海回来。
Jiékè jīntiān zǎochén gāng cóng Shànghǎi huí lái.

☐ (2) 他在上海玩儿了两天。
Tā zài Shànghǎi wánr le liǎng tiān.

☐ (3) 他觉得上海和北京都很现代化。
Tā juéde Shànghǎi hé Běijīng dōu hěn xiàndàihuà.

☐ (4) 他觉得北京比上海浪漫。
Tā juéde Běijīng bǐ Shànghǎi làngmàn.

☐ (5) 他白天坐船游览黄浦江了。
Tā báitiān zuò chuán yóulǎn Huángpǔ Jiāng le.

☐ (6) 他感觉北京比上海热。
Tā gǎnjué Běijīng bǐ Shànghǎi rè.

☐ (7) 上海雨水很多。
Shànghǎi yǔshuǐ hěn duō.

○ 画线连接，组成对话。**Draw lines to complete the dialogs.**

(1) 什么时候回来的？
Shéme shíhou huí lái de?

a 两天。
Liǎng tiān.

(2) 在那儿待了几天？
Zài nǎr dāi le jǐ tiān?

b 好极了。
Hǎo jí le.

(3) 你对那儿的印象 (impression) 怎么样？
Nǐ duì nǎr de yìnxiàng zěnmeyàng?

c 比北京更热一些。
Bǐ Běijīng gèng rè yìxiē.

(4) 上海的天气怎么样？
Shànghǎi de tiānqì zěnmeyàng?

d 今天刚回来。
Jītiān gāng huí lái.

愉快的旅行

放假的时候，我和同屋一起去了一趟云南。我们在云南玩儿了好几个地方，我最喜欢的是大理、丽江和香格里拉。

大理有很美的山和水。我们从早到晚都在参观名胜古迹。我对大理古城很感兴趣，那儿的建筑很有白族特色。我们在那儿还认识了一个白族姑娘，她给我们介绍了很多当地的风俗文化。

丽江是个有意思的地方。那儿的人大部分都是纳西族，他们的文字很古老，像画儿一样。他们的街道和房子也都是传统的样子。有一条小溪从每一家房子前面经过，感觉非常特别。丽江古城里到处都是小店，可以买到很多好玩儿的东西。

香格里拉是我最喜欢的地方，因为那里有高山湖和美丽的草原，有蓝蓝的天空和好像伸手就能摸到的白云，还有热情的藏族朋友。不过那儿太高了，我的身体有点儿不舒服。

听说云南还有很多好玩儿的地方，如果有机会的话，我还想去一次云南。

Yúkuài de Lǚxíng

Fàng jià de shíhou, wǒ hé tóng wū yìqǐ qù le yí tàng Yúnnán. Wǒmen zài Yúnnán wánr le hǎo jǐ ge dìfang, wǒ zuì xǐhuan de shì Dàlǐ, Lìjiāng hé Xiānggélǐlā.

Dàlǐ yǒu hěn měi de shān hé shuǐ. Wǒmen cóng zǎo dào wǎn dōu zài cānguān míng-shèng gǔjì. Wǒ duì Dàlǐ gǔ chéng hěn gǎn xìngqù, nàr de jiànzhù hěn yǒu Báizú tèsè. Wǒmen zài nàr hái rènshi le yí ge Báizú gūniang, tā gěi wǒmen jièshào le hěn duō dāngdì de fēngsú wénhuà.

Lìjiāng shì ge yǒu yìsi de dìfang. Nàr de rén dà bùfen dōu shì Nàxīzú, tāmen de wénzì hěn gǔlǎo, xiàng huàr yíyàng. Tāmen de jiēdào hé fángzi yě dōu shì chuántǒng de yàngzi. Yǒu yì tiáo xiǎo xī cóng měi yì jiā fángzi qiánmiàn jīngguò, gǎnjué fēicháng tèbié. Lìjiāng gǔ chéng lǐ dàochù dōu shì xiǎo diàn, kěyǐ mǎi dào hěn duō hǎowánr de dōngxi.

Xiānggélǐlā shì wǒ zuì xǐhuan de dìfang, yīnwèi nàlǐ yǒu gāo shān hú hé měilì de cǎoyuán, yǒu lánlán de tiānkōng hé hǎoxiàng shēn shǒu jiù néng mō dào de bái yún, hái yǒu rèqíng de Zàngzú péngyou. Bú-guò nàr tài gāo le, wǒ de shēntǐ yǒudiǎnr bù shūfu.

Tīngshuō Yúnnán hái yǒu hěn duō hǎowánr de dìfang, rúguǒ yǒu jīhuì de huà, wǒ hái xiǎng qù yí cì Yúnnán.

3

Word box

放假 have a holiday fàng jià	同屋 roommate tóng wū	古城 ancient city gǔ chéng	建筑 architecture jiànzhù
特色 feature, characteristic tèsè	风俗 custom fēngsú	文化 culture wénhuà	大部分 a majority of dà bùfen
文字 written language wénzì	古老 ancient gǔlǎo	街道 street jiēdào	房子 house fángzi
传统 tradition chuántǒng	小溪 stream xiǎo xī	到处 all around dàochù	湖 lake hú

美丽 beautiful měilì	草原 grassland cǎoyuán	天空 sky tiānkōng	伸 stretch shēn
摸 touch mō			
Proper Names			
云南 Yunnan Province Yúnnán	大理 Dali City Dàlǐ	丽江 Lijiang City Lìjiāng	香格里拉 Shangrila Xiānggélǐlā
白族 the Bai nationality Báizú	纳西族 the Naxi nationality Nàxīzú		

🟢 根据短文回答问题。**Answer questions according to the passage.**

(1) 她什么时候去云南的？
Tā shénme shíhou qù Yúnnán de?

(2) 她和谁一起去的？
Tā hé shéi yìqǐ qù de?

(3) 给她印象比较深的是什么地方？
Gěi tā yìnxiàng bǐjiào shēn de shì shénme dìfang?

(4) 大理有什么特点？
Dàlǐ yǒu shénme tèdiǎn?

(5) 丽江有什么特点？
Lìjiāng yǒu shénme tèdiǎn?

(6) 她为什么喜欢香格里拉？
Tā wèi shénme xǐhuan Xiānggélǐlā?

(7) 在香格里拉的时候她的身体怎么了？为什么？
Zài Xiānggélǐlā de shíhou tā de shēntǐ zěnme le? Wèi shénme?

(8) 她以后还想去云南吗？
Tā yǐhòu hái xiǎng qù Yúnnán ma?

活动 **A**ctivities

1. 语音练习 Pronunciation

学说绕口令。Learn to say the tongue twister.

上一山，下一山，
Shàng yì shān, xià yì shān,
Up a hill, down a hill,

跑了三里三米三，
Pǎo le sān lǐ sān mǐ sān,
I run for 3 li and 3.3 meters,

登了一座大高山，
Dēng le yí zuò dà gāo shān,
I climbed on a huge mountain,

山高海拔三百三。
Shān gāo hǎibá sān bǎi sān.
Which is 330 meters above sea level.

上了山，大声喊：
Shàng le shān, dà shēng hǎn:
I shouted when I arrived on the top,

我比山高三尺三！
Wǒ bǐ shān gāo sān chǐ sān!
That I am 3.3 Chi higher than the mountain!

旅　行

2. 替换练习 Substitution

用表格右侧的词语替换句中画线的部分，说出完整的句子。Use the words on the right side to say several new and complete sentences.

(1) 因为时间紧，所以我们只去看了 Yīnwèi shíjiān jǐn, suǒyǐ wǒmen zhǐ qù 省博物馆、兵马俑和华清池。 kàn le Shěng Bówùguǎn、Bīngmǎyǒng hé Huáqīng Chí.	时间不够、没去上海 Shíjiān bú gòu, méi qù Shànghǎi	人多、没进去 rén duō, méi jìnqù	买不到火车票、坐飞机回来了 mǎi bú dào huǒchē piào, zuò fēijī huí lái le
(2) 简直太棒了！ Jiǎnzhí tài bàng le!	热 rè	好玩儿 hǎowánr	有意思 yǒu yìsi
(3) 那儿很值得一看。 Nàr hěn zhí dé yí kàn.	一去 yí qù	参观 cānguān	游览 yóulǎn
(4) 上海跟北京差不多。 Shànghǎi gēn Běijīng chàbuduō.	这儿的天气、那儿 zhèr de tiānqì, nàr	他的想法、我 tā de xiǎngfǎ, wǒ	他们的习惯、咱们 tāmen de xíguàn, zánmen
(5) 上海比北京更浪漫一点儿。 Shànghǎi bǐ Běijīng gèng làngmàn yìdiǎnr.	热 rè	潮湿 wet cháoshī	现代 modern xiàndài
(6) 我们坐着船游览了黄浦江。 Wǒmen zuò zhe chuán yóulǎn le Huángpǔ Jiāng.	骑着自行车、市区 downtown qí zhe zìxíngchē, shìqū	跟着他、很多景点 gēn zhe tā, hěn duō jǐngdiǎn	冒 brave (the rain) 着雨、长城 mào zhe yǔ, Cháng Chéng
(7) 我们一边听着音乐一边 Wǒmen yìbiān tīng zhe yīnyuè, 欣赏上海的夜景。 yìbiān xīnshǎng Shànghǎi de yèjǐng.	走、看 zǒu, kàn	看地图 map、找那个地方 kàn dìtú, zhǎo nàge dìfang	休息、欣赏周围的风景 xiūxi, xīnshǎng zhōuwéi de fēngjǐng

3. 看图学词语 Look and Learn Words

从词库里选择词语写在相关的图片下面。Choose the proper words from the word box and write them next to the related pictures.

Word box		
山区 mountain area shānqū	沙漠 desert shāmò	寺庙 temple sìmiào
森林 forest sēnlín	海 sea hǎi	村庄 countryside cūnzhuāng
宽阔 wide kuānkuò	茂密 dense màomì	神秘 mysterious shénmì

4. 双人活动 Pair Work

(1) 和同伴一起看着上面的图片说一说。Look at the pictures above and discuss the following questions with your partner.

- 你喜欢哪种地方?为什么喜欢?

  Nǐ xǐhuan nǎ zhǒng dìfang? Wèi shénme xǐhuan?

- 你已经去过了哪些地方?印象怎么样?

  Nǐ yǐjīng qù guo le nǎxiē dìfang? Yìnxiàng zěnmeyàng?

(2) 找一个新同伴,给他(她)介绍自己参观游览过的一个地方的经历和印象。Find a new partner. Describe one of your traveling experiences and your impression on the resort to him / her.

● Show your partner some introductions about the resort. Your partner may ask more questions to get detailed information.

给老师的提示:
活动结束后,您可以让几个学生向大家报告他们从同伴那里了解到了什么,以达到全班交流的目的。

5. 单人活动 Individual Work

比较下面两张图,模仿例句说说你的印象。Compare the two pictures, and follow the example sentences to talk about the impressions upon the places on the pictures.

Word box	
宽 wide	旧
kuān	jiù

159

Example: (1) 这儿比那儿干净。
　　　　　　　Zhèr bǐ nàr gānjìng.

　　　　　　(2) 这儿没有那儿方便。
　　　　　　　Zhèr méiyǒu nàr fāngbiàn.

6.   小组活动 Group Work

两三人一组，说一说你们的家乡和现在学习的地方有什么相同，有什么不同。Work in a group of 2 or 3. Discuss the differences and similarities between your hometown and your present study place.

(1) 从这几个方面比较一下两个地方：面积、人口、环境、特点。Compare the two places by such aspects as area, population, environment and characteristics.

(2) 讨论一下有哪些相似和不同，并在纸上列出来。Discuss and list the differences and similarities on a piece of paper.

给老师的提示：
您可以让学生把写好的内容贴在黑板上，各组互相交流一下，看哪个组写得比较全面。

7.   成段表达 Expression

很多中国人想了解你们国家的大城市。请你想想下面的问题，然后简单介绍一下你们国家的第一大城市和第二大城市，并比较一下它们的相同和不同。Many Chinese people want to know about the cities in your country. Think about the following questions. Describe the biggest and the second biggest city in your country and list their differences and similarities.

(1) 第一大城市是哪儿？有什么特点？
　　　Dì-yī dà chéngshì shì nǎr? Yǒu shénme tèdiǎn?

(2) 第二大城市是哪儿？有什么特点？
　　　Dì-èr dà chéngshì shì nǎr? Yǒu shénme tèdiǎn?

(3) 这两个城市什么方面差不多？
　　　Zhè liǎng ge chéngshì shénme fāngmiàn chàbuduō?

(4) 这两个城市什么方面不一样？

Zhè liǎng ge chéngshì shénme fāngmiàn bù yíyàng?

(5) 你更喜欢哪个城市？为什么？

Nǐ gèng xǐhuan nǎge chéngshì? Wèi shénme?

8. 看图交流 Look and Share Information

两人一组，一个人看图A，一个人看图B。请用汉语对图A和图B进行比较，看看你们的图有什么不一样。Work in pairs. One looks at picture A and the other, picture B. Use Chinese to describe your picture as much as possible, and then compare with your partner's.

9. 常用语句 Useful Language

劳驾，我过一下。
Láo jià, wǒ guò yíxià.
Excuse me, let me go through.

写汉字 Chinese Characters

穿着
chuān zhe

戴着
dài zhe

B

我没赶上车
Wǒ méi gǎn shàng chē

I Didn't Catch the Bus

目标 Objectives

1. 复习几个描述事件时常用的词语 *Review some common words describing a matter*
2. 学习说明原因和结果 *Learn to explain causes and results*
3. 学习简单叙述一件事 *Learn to simply narrate a matter*

复习 Review

Word box							
着 zhe	了 le	过 guo	不 bù	没 méi	因为 yīnwèi	所以 suǒyǐ	原因 yuányīn

1. 读一读上面的词语复习一下。**Read the words above to review them.**

好吃吗？
Hǎo chī ma?

上星期……
Shàng xīngqī……

2. 两人一组，说说每幅图片的内容，尽量用上前面的词语。Work in pairs. Try to use the words above to say about each picture.

给老师的提示：您可以让几个学生说一说，以达到全班交流的目的。

生词 New Words

1 嗨 hey hāi	2 成 succeed chéng	3 起 get up qǐ
4 赶 catch gǎn	5 糟糕 terrible zāogāo	6 结果 result jiéguǒ
7 睡着 fall a sleep shuì zháo	8 前一天 the day before qián yì tiān	9 酒吧 bar jiǔbā
10 确实 true quèshí	11 发音 pronunciation fāyīn	12 差 bad chà
13 碰到 meet pèng dào	14 老太太 old lady lǎotàitai	15 却 but què
16 奇怪 odd qíguài	17 噢 oh ō	18 当时 at the time dāngshí
19 肯定 sure kěndìng	20 不好意思 embarrassing bù hǎoyìsi	21 看来 it seems kàn lái

Proper Name

韩语 Korean Hányǔ

○ 搭配词语。Use the proper words you've learnt to match the words below.

赶_____ gǎn

_____差 chà

确实_____ quèshí

肯定_____ kěndìng

碰到_____ pèng dào

164

句子 Sentences

1. 我没去成。 I didn't go.
   Wǒ méi qù chéng.

2. 因为起晚了，我没赶上车。 I didn't catch the bus because I got up late.
   Yīnwèi qǐ wǎn le, wǒ méi gǎn shàng chē.

3. 我想再躺一会儿，结果又睡着了。 I wanted to stay in bed for a while,
   Wǒ xiǎng zài tǎng yíhuìr, jiéguǒ yòu shuì zháo le. and as a result I fell asleep again.

4. 我去公园的时候碰到了一位很热情的老太太。 I met a warm-hearted old lady
   Wǒ qù gōngyuán de shíhou pèng dào le yí wèi hěn rèqíng de lǎotàitai. when I went to the park yesterday.

5. 她问我是哪国人。 She asked me what nationality I am.
   Tā wèn wǒ shì nǎ guó rén.

6. 我说我来学汉语。 I said I came to study Chinese.
   Wǒ shuō wǒ lái xué Hànyǔ.

7. 老太太奇怪地问我："……" The old lady oddly ask me: "…"
   Lǎotàitai qíguài de wèn wǒ: "……"

8. 你肯定把"汉语"说成"韩语"了。 You must have said
   Nǐ kěndìng bǎ "Hànyǔ" shuō chéng "Hànyǔ" le. "Hànyǔ" as "Hànyǔ".

9. 看来我以后得特别注意声调。
   Kàn lái wǒ yǐhòu děi tèbié zhùyì shēngdiào.
   It seems that I must pay special attention to intonation in my later studies.

○ 根据不同内容给句子分类，并把句子的序号写在表格里。 **Classify the sentences according to different contents and fill the serial numbers in the table.**

内容 Content	句子 Sentences
发生了什么 What happened	
谁说了什么 Who say what	
有什么感受 What feelings	

给老师的提示：学生写完后，您可以让他们把句子按类别再读一读。

165

情景 **S**cenes

李 静: 听朱丽说，昨天你们去参观农村了。
Lǐ Jìng: Tīng Zhūlì shuō, zuótiān nǐmen qù cānguān nóngcūn le.

杰 克: 嗨，别提了！我没去成①。
Jiékè: Hāi, biétí le! Wǒ méi qù chéng.

李 静: 为什么？身体不舒服吗？
Lǐ Jìng: Wèi shénme? Shēntǐ bù shūfu ma?

杰 克: 哪儿啊②。因为起晚了，我没赶上③车。
Jiékè: Nǎr ā. Yīnwèi qǐ wǎn le, wǒ méi gǎn shàng chē.

李 静: 真糟糕！你的同屋没叫你吗？
Lǐ Jìng: Zhēn zāogāo! Nǐ de tóng wū méi jiào nǐ ma?

杰 克: 叫了。可是我想再躺一会儿，结果又睡着了。
Jiékè: Jiào le. Kěshì wǒ xiǎng zài tǎng yíhuìr, jiéguǒ yòu shuì zháo le.

李 静: 前一天晚上你睡得太晚了吧？
Lǐ Jìng: Qián yì tiān wǎnshang nǐ shuì de tài wǎn le ba?

杰 克: 是啊。我和几个朋友一起去酒吧了，一点多才回来。
Jiékè: Shì ā. Wǒ hé jǐ ge péngyou yìqǐ qù jiǔbā le, yī diǎn duō cái huí lái.

李 静: 上午上课，下午旅游，确实很累，晚上还是早点儿休息吧。
Lǐ Jìng: Shàngwǔ shàng kè, xiàwǔ lǚyóu, quèshí hěn lèi, wǎnshang háishi zǎo diǎnr xiūxi ba.

---

① "Verb+成" sometimes indicates that a purpose has been reached. E.g. 没去成 (didn't go), 没买成 (didn't buy), and sometimes it indicates that something has changed through an action. E.g. 你把 "汉语" 说成 "韩语" 了。(You said "Hànyǔ" as Hányǔ.) 他把我当成自己的哥哥。(He looks at me as his own older brother.)

② Here "哪儿啊" indicates that the fact isn't what the other side said.

③ "Verb+上" sometimes indicates that some action or behavior makes people achieve an aim unattainable easily. E.g. 赶上车，考上了大学。sometimes it indicates a wish has come true. E.g.当上了律师 (become a lawyer).

Li Jing:	I heard form Julie that you went to visit the countryside yesterday?
Jack:	Hey, don't mention it. I didn't go.
Li Jing:	Why? Didn't you feel well?
Jack:	Not at all. I didn't catch the bus because I got up late.
Li Jing:	How terrible! Didn't your roommate wake you up?
Jack:	No, he did. But I wanted to stay in bed for a while, and as a result I fell asleep again.
Li Jing:	Did you go to bed too late in the evening before yesterday?
Jack:	Yeah, I went to a bar with some friends and came home after 1 o'clock in the morning.
Li Jing:	It's really tiring for you to have class in the morning and then travel in the afternoon. You'd better go to bed early and have a good rest at night.

● 根据情景1补全下面这段话。 **Complete the following paragraph according to Scene 2.**

昨天杰克应该去＿＿＿＿＿＿＿的，可是他没＿＿＿＿＿＿＿＿。因
Zuótiān Jiékè yīnggāi qù   de, kěshì tā méi   Yīn-

为他＿＿＿＿＿＿＿＿，所以＿＿＿＿＿＿＿＿＿。早上同屋叫他了，
wèi tā   suǒyǐ   Zǎoshang tóng wū jiào tā le,

可是他想＿＿＿＿＿＿＿＿，结果＿＿＿＿＿＿＿＿。他前一天晚上
kěshì tā xiǎng   jiéguǒ   Tā qián yì tiān wǎnshang

和＿＿＿＿＿＿＿去酒吧了，一点多＿＿＿＿＿＿＿＿。
hé   qù jiǔbā le,   yì diǎn duō

○ 画线连接，组成对话。 **Draw lines to complete the dialogs.**

(1) 昨天去参观了吗？
　　Zuótiān qù cānguā le ma?

(2) 是因为身体不舒服吗？
　　Shì yīnwèi shēntǐ bù shūfu ma?

(3) 为什么没去成？
　　Wèi shénme méi qù chéng?

(4) 你的同屋没叫你吗？
　　Nǐ de tóng wū méi jiào nǐ ma?

a 哪儿啊。
　 Nǎr ā.

b 别提了，没去成。
　 Biétí le, méi qù chéng.

c 叫了，可是我又睡着了。
　 Jiào le, kěshì wǒ yòu shuìzháo le.

d 因为起晚了，我没赶上车。
　 Yīnwèi qǐ wǎn le, wǒ méi gǎn shàng chē.

朱 丽： Zhūlì:	老师，我的发音是不是很差？ Lǎoshī, wǒ de fāyīn shì bú shì hěn chà?	
老 师： Lǎoshī:	发音还可以，但是声调有些问题。怎么了？ Fāyīn hái kěyǐ, dànshì shēngdiào yǒuxiē wèntí. Zěnme le?	
朱 丽： Zhūlì:	昨天我去公园的时候碰到了一位很热情的老太太。 Zuótiān wǒ qù gōngyuán de shíhou pèng dào le yí wèi hěn rèqíng de lǎotàitai.	
老 师： Lǎoshī:	她跟你聊天儿了吧？ Tā gēn nǐ liáo tiānr le ba?	
朱 丽： Zhūlì:	对。她问我是哪国人，还问我来中国学习还是旅游。 Duì. Tā wèn wǒ shì nǎ guó rén, hái wèn wǒ lái Zhōngguó xuéxí háishi lǚyóu.	
老 师： Lǎoshī:	你怎么说的？ Nǐ zěnme shuō de?	
朱 丽： Zhūlì:	我说我来学汉语。 Wǒ shuō wǒ lái xué Hànyǔ.	**2**
老 师： Lǎoshī:	你说的没错啊。 Nǐ shuō de méi cuò ā.	
朱 丽： Zhūlì:	可是老太太却奇怪地问我："你学韩语应该去韩国啊，为什 Kěshì lǎotàitai què qíguài de wèn wǒ: "nǐ xué Hányǔ yīnggāi qù Hánguó ā, wèi 么来中国？" shénme lái Zhōngguó?"	

老　师： 噢，你当时肯定把"汉语"说成"韩语"了。
Lǎoshī： Ō, nǐ dāngshí kěndìng bǎ "Hànyǔ" shuō chéng "Hányǔ" le.

朱　丽： 真不好意思！看来我以后得特别注意声调。
Zhūlì： Zhēn bù hǎoyìsi! Kàn lái wǒ yǐhòu děi tèbié zhùyì shēngdiào.

Julie:	Miss, is my pronunciation really bad?
Teacher:	Your pronunciation is OK, but there is something wrong with your intonation. What's up?
Julie:	I met a warm-hearted old lady when I went to the park yesterday.
Teacher:	Did she chat with you?
Julie:	Yeah, she asked me what nationality I am, and whether I come to China for study or for traveling.
Teacher:	How did you answer that?
Julie:	I said I came to study Chinese.
Teacher:	Your reply is correct.
Julie:	But the old lady oddly ask me: "You should go to Korea if you study Korean, why do you come to China?"
Teacher:	Oh, you must have said "Hànyǔ" as "Hányǔ" at that time.
Julie:	I felt so embarrassed. It seems that I must pay special attention to intonation in my later studies.

● 根据情景2讲讲朱丽的故事。Talk about Julie's story according to Scene 2.

● 画线连接,组成对话。Draw lines to complete the dialogs.

(1) 昨天发生什么事了？
Zuótiān fāshēng shénme shì le?

(2) 她跟你聊天儿了吧？
Tā gēn nǐ liáo tiānr le ba?

(3) 你是怎么说的？
Nǐ shì zěnme shuō de?

(4) 你把"汉语"说成"韩语"了。
Nǐ bǎ "Hànyǔ" shuō chéng "Hányǔ" le.

a 对。
Duì.

b 噢，真不好意思。
Ō, zhēn bù hǎoyìsi.

c 昨天我在公园碰到了一位老太太。
Zuótiān wǒ zài gōngyuán pèng dào le yí wèi lǎotàitai.

d 我说我来学汉语。
Wǒ shuō wǒ lái xué Hànyǔ.

真不好意思

　　我刚到中国的时候，对中国什么都不懂，语言也不通。

　　有一天我一个人到农贸市场买东西。转了一会儿，突然发现一个卖西瓜的小摊儿，小摊儿上放着一个牌子，上面写着"西瓜三毛钱"。我一看非常高兴，心想：中国的物价就是便宜，才三毛钱就能买一个大西瓜，所以我有点儿不相信地问老板："真的是三毛钱吗？"他点点头说："当然是三毛。喜欢哪一个随便挑。"我高兴地挑了一个又大又好的西瓜，然后给了老板三毛钱，老板一边称西瓜，一边吃惊地看着我手里的三毛钱，过了一会儿才对我说："不是三毛钱，是四块钱。"我一下子就生气了，心想：我遇上骗子了！然后我用不标准的中国话对他说："我是外国人，骗我？"老板想了想，好像明白了是怎么回事。他笑了笑说："好吧，三毛钱！不过你回去以后要努力学习汉语！"

我有些莫名其妙，但还是非常高兴地抱着大西瓜回到了宿舍，还把这件事从头到尾给朋友讲了一遍。朋友们都笑了。原来西瓜是三毛钱一斤！

一年多过去了，现在想起来还觉得不好意思。

[选自《学汉语》，作者：李永灿（韩国），有删改。]

Zhēn Bù Hǎoyìsi

Wǒ gāng dào Zhōngguó de shíhou, duì Zhōngguó shénme dōu bù dǒng, yǔyán yě bù tōng.

Yǒu yì tiān wǒ yí ge rén dào nóngmào shìchǎng mǎi dōngxi. Zhuàn le yíhuìr, tūrán fāxiàn yí ge mài xīguā de xiǎo tānr, xiǎo tānr shàng fàng zhe yí ge páizi, shàngmiàn xiě zhe "xīguā sān máo qián". Wǒ yí kàn fēicháng gāoxìng, xīn xiǎng: Zhōngguó de wùjià jiù shì piányi, cái sān máo qián jiù néng mǎi yí ge dà xīguā, suǒyǐ wǒ yǒudiǎnr bù xiāngxìn de wèn lǎobǎn: "Zhēn de shì sān máo qián ma? " Tā diǎndiǎn tóu shuō: "Dāngrán shì sān máo. Xǐhuan nǎ yí ge suíbiàn tiāo." Wǒ gāoxìng de tiāo le yí ge yòu dà yòu hǎo de xīguā, ránhòu gěi le lǎobǎn sān máo qián. Lǎobǎn yìbiān chēng xīguā, yìbiān chī jīng de kàn zhe wǒ shǒu lǐ de sān máo qián, guò le yíhuìr cái duì wǒ shuō: "Bú shì sān máo qián, shì sì kuài qián." Wǒ yíxiàzi jiù shēng qì le, xīn xiǎng: wǒ yù shàng piànzi le! Ránhòu wǒ yòng bù biāozhǔn de Zhōngguóhuà duì tā shuō: "Wǒ shì wàiguó rén, piàn wǒ?" Lǎobǎn xiǎng le xiǎng, hǎoxiàng míngbai le shì zěnme huí shì. Tā xiào le xiào shuō: "Hǎo ba, sān máo qián! Búguò nǐ huíqù yǐhòu yào nǔlì xuéxí Hànyǔ!"

Wǒ yǒuxiē mò míng qí miào, dàn háishi fēicháng gāoxìng de bào zhe dà xīguā huí dào le sùshè, hái bǎ zhè jiàn shì cóng tóu dào wěi gěi péngyou jiǎng le yí biàn. Péngyou men dōu xiào le. Yuánlái xīguā shì sān máo qián yì jīn!

Yì nián duō guò qù le, xiànzài xiǎng qǐ lái hái juéde bù hǎoyìsi.

3

Word box

通 understand, know tōng	农贸市场 agricultural fair nóngmào shìchǎng	转 stroll zhuàn	发现 discover fāxiàn
小摊儿 stand, booth xiǎo tānr	牌子 sign páizi	物价 price wùjià	随便 feel free suíbiàn
挑 choose tiāo	称 weigh chēng	吃惊 surprise chī jīng	遇 meet yù
骗子 swindler, cheat piànzi	标准 standard biāozhǔn	骗 cheat piàn	明白 understand míngbai
怎么回事 what's the matter zěnme huí shì	莫名其妙 without reason mò míng qí miào	从头到尾 from the beginning to the end of sth. cóng tóu dào wěi	

○ 根据短文回答问题。**Answer questions according to the passage.**

(1) 他刚来中国的时候汉语怎么样？
   Tā gāng lái Zhōngguó de shíhou Hànyǔ zěnmeyàng?

(2) 他看见"西瓜三毛钱"的时候，心里是怎么想的？
   Tā kànjiàn "xīguā sān máo qián" de shíhou, xīnli shì zěnme xiǎng de?

(3) 他为什么觉得卖西瓜的人骗他？
   Tā wèi shénme juéde mài xīguā de rén piàn tā?

(4) 跟朋友讲了以后，他为什么不好意思？
   Gēn péngyou jiǎng le yǐhòu, tā wèi shénme bù hǎoyìsi?

(5) 你觉得为什么会发生这样的情况？
   Nǐ juéde wèi shénme huì fāshēng zhèyàng de qíngkuàng?

活动 Activities

1. 语音练习 Pronunciation

学说绕口令。Learn to say the tongue twister.

有个小孩叫小杜， Yǒu ge xiǎohái jiào Xiǎo Dù,	There is a child named Xiaodu,
上街打醋又买布。 Shàng jiē dǎ cù yòu mǎi bù.	Who went to buy vinegar and cloth on the street,
买了布，打了醋， Mǎi le bù, dǎ le cù,	After he bought them and looked behind,
回头看见鹰抓兔。 Huí tóu kànjiàn yīng zhuā tù.	He saw a hawk catching a rabbit,
放下布，搁下醋， Fàng xià bù, gē xià cù,	He put the vinegar and cloth down to the ground,
上前去追鹰和兔。 Shàng qián qù zhuī yīng hé tù.	Ran to chase the hawk and the rabbit,
飞了鹰，跑了兔， Fēi le yīng, pǎo le tù,	the hawk flew away, the rabbit ran away,
洒了醋，湿了布。 Sǎ le cù, shī le bù.	Vinegar was spilt and made the cloth wet.

2. 替换练习 Substitution

用表格右侧的词语替换句中画线的部分，说出完整的句子。Use the words on the right side to say several new and complete sentences.

(1) 我没去成。 Wǒ méi qù chéng.	走 zǒu	买 mǎi	参观 cānguān

170

(2) 因为起晚了，我没赶上车。 Yīnwèi <u>qǐ wǎn</u> le, wǒ <u>méi gǎn shàng chē</u>.	朋友来、没去成商店 péngyou lái, méi qù chéng shāngdiàn	没有水、没洗成衣服 méiyǒu shuǐ, méi xǐ chéng yīfu	堵车 traffic jam、迟到了 dǔ chē, chídào le
(3) 我想再躺一会儿，结果 Wǒ xiǎng zài tǎng yíhuǐr, jiéguǒ 又睡着了。 <u>yòu shuì zháo le</u>.	想多玩儿一会儿、忘了时间 xiǎng duō wánr yíhuǐr, wàng le shíjiān	没注意、摔倒了 fall on the ground méi zhùyì, shuāi dǎo le	理解 understand 错了、误会 misunderstand 了别人 lǐjiě cuò le, wùhuì le biérén
(4) 我去公园的时候碰到了 Wǒ <u>qù gōngyuán</u> de shíhou pèng 一位很热情的老太太。 <u>dào le yí wèi hěn rèqíng de lǎotàitai</u>.	学习、一个困难 xuéxí, yí ge kùnnán	出去、一个熟人 acquaintance chū qù, yí ge shúrén	下山、一些可爱的孩子 xià shān, yìxiē kě'ài de háizi
(5) 我说我来学汉语。 <u>Wǒ</u> shuō <u>wǒ</u> lái xué Hànyǔ.	杰克、他 Jiékè, tā	朱丽、她 Zhūlì, tā	她、她 tā, tā
(6) 老太太奇怪地问我："……" Lǎotàitai <u>qíguài</u> de <u>wèn wǒ</u>: "……"	高兴、告诉我 gāoxìng, gàosu wǒ	<u>生气</u> angrily、说 shēng qì, shuō	吃惊、对我说 chī jīng, duì wǒ shuō
(7) 你把"汉语"说成"韩语"了。 Nǐ bǎ "Hànyǔ" <u>shuō</u> chéng "Hányǔ" le.	听 tīng	写 xiě	读 dú
(8) 我没赶上车。 Wǒ méi <u>gǎn</u> shàng <u>chē</u>.	考、那个学校 kǎo, nàge xuéxiào	买、票 mǎi, piào	当、班长 monitor dāng, bān zhǎng

3. 看图说句子 Look and Say Sentences

(1) _____。 (2) _____。 (3) _____。

Word box

把 bǎ	撕 tear sī	碎 break to pieces suì

4. 双人活动 Pair Work

和同伴一起根据活动3的图片猜猜他们为什么这样，可能是什么原因。然后把你们讨论的结果告诉大家。**Work with your partner to guess what happens and why it happens on each picture in Activity 3. Explain the reasons to the class.**

● Try your best to say complete sentences. E.g.
因为我父母要来，所以我特别高兴。
Yīnwèi wǒ fùmǔ yào lái, suǒyǐ wǒ tèbié gāoxìng.

5. 复述 Retelling

模仿例子转述对话内容。**Follow the example to retell the dialogs.**

Example:
老师：　我在一楼等你们。
Lǎoshī:　Wǒ zài yī lóu děng nǐmen.
王东：　我知道了。
Wáng Dōng:　Wǒ zhīdào le.

老师说她在一楼等王东他们。王东说他知道了。
Lǎoshī shuō tā zài yī lóu děng Wáng Dōng tāmen. Wáng Dōng shuō tā zhīdào le.

(1)　小明：　我错了，对不起。
Xiǎo Míng:　Wǒ cuò le, duìbuqǐ.
小方：　没关系，我们还是好朋友。
Xiǎo Fāng:　Méi guānxi, wǒmen hái shì hǎo péngyou.

(2)　售货员：　你有零钱吗？
Shòuhuòyuán:　Nǐ yǒu língqián ma?
艾米：　我没有。
Àimǐ:　Wǒ méiyǒu.

(3)　李静：　我要把这画儿挂在墙上。
Lǐ Jìng:　Wǒ yào bǎ zhè huàr guà zài qiáng shàng.
王浩：　我来帮你吧。
Wáng Hào:　Wǒ lái bāng nǐ ba.

6. 小组活动 Group Work

这个故事原来有四幅图片，可是现在丢了两幅。两三人一组，讨论一下丢了的两幅图可能是什么内容。然后完整地讲一讲这个故事。**There were 4 pictures showing a complete story but 2 of them are missing. Work in a group of 2 or 3 to discuss the contents of the 2 missing pictures. Finally, make up a complete story.**

Word box

皮 peel, skin pí	扔 throw rēng	把 bǎ	地上 dì shàng
摔倒 shuāi dǎo	后来 later hòulái		

给老师的提示：
您可以让各组选一个代表讲讲他们编的故事，并组织大家简单评论一下各组的想法，选出一个最有意思的方案。

7. 成段表达 Expression

全班开一个故事会。讲讲你旅行时发生的一件小事。Have the class hold a storytelling session. Each person should talk about a situation that happened on a trip.

(1) 头脑风暴 Brainstorming

■ 想一件小事。想到这件小事时，你心里是什么感觉？What do you feel in your heart when recalling this matter?

☐ 快乐 happy
kuàilè

☐ 生气
shēng qì

☐ 担心 worry
dānxīn

☐ 遗憾 pitiful
yíhàn

☐ 危险
wēixiǎn

☐ 感动 touched
gǎndòng

☐ 有意思
yǒu yìsi

☐ 不好意思
bù hǎoyìsi

■ 想想当时谁说了什么话。Recall who said what then.

谁 shéi	说了什么 shuō le shénme

(2) 想想下面的问题。Think about the following questions.

● 这件事是怎么发生的？
Zhè jiàn shì shì zěnme fāshēng de?

● 后来呢?
Hòulái ne?

● 最后呢?
Zuìhòu ne?

(3) 在故事会上讲讲自己的故事。 Tell the story to the class.

8. 看图交流 Look and Share Information

两人一组，一个人看图A，一个人看图B。请用汉语对图A和图B进行比较，看看你们的图有什么不一样。**Work in pairs. One looks at picture A and the other, picture B. Use Chinese to describe your picture as much as possible, and then compare with your partner's.**

掉　　把　　捡 pick up　　起来
diào　bǎ　jiǎn　　　qǐ lái
还 return
huán

①

9. 常用语句 Useful Language

急死了！
Jí sǐ le!
I'm worried to death!

②

A

写汉字 **C**hinese Characters

wǎn 晚					
shuì 睡					
nǎ 哪					

B | 掉 把 捡起来 pick up
diào bǎ jiǎn qǐ lái
还 return
huán

①

②

你有什么打算?

Nǐ yǒu shénme dǎsuàn?

What's Your Plan?

目标 Objectives

1 复习与计划相关的词语 *Review the words about plans*
2 学习谈论收获和打算 *Learn to talk about gains and plans*
3 学习说明理由 *Learn to explain reasons*
4 学会提出建议 *Learn to make suggestions*

复习 Review

 从词库里选择合适的词语回答问题。**Choose proper words from the word box to answer questions.**

Word box				
打算 dǎsuàn	准备 zhǔnbèi	想 xiǎng	要 yào	可能 kěnéng
以后 yǐhòu	将来 jiānglái	还 hái	继续 jìxù	

(1) 你今天中午去哪儿吃饭?
　　Nǐ jīntiān zhōngwǔ qù nǎr chī fàn?

(2) 下午你准备做些什么?
　　Xiàwǔ nǐ zhǔnbèi zuò xiē shénme?

(3) 听说你要回国了, 什么时候回?
　　Tīngshuō nǐ yào huí guó le, shénme shíhou huí?

(4) 你以后还学汉语吗?
　　Nǐ yǐhòu hái xué Hànyǔ ma?

(5) 你将来想干什么?
　　Nǐ jiānglái xiǎng gàn shénme?

生词 **N**ew Words

1 过 live guò	2 就要……了 be about to jiù yào … le	3 收获 benefit, gain shōuhuò
4 交 make (a friend) jiāo	5 份 measure word fèn	6 兴趣 interest xìngqù
7 贸易 trade màoyì	8 成功 success chénggōng	9 后天 the day after tomorrow hòutiān
10 帮忙 help bāng máng	11 工艺品 handicraft gōngyìpǐn	12 商品 commodity shāngpǐn
13 市场 market shìchǎng	14 全 complete quán	15 不一定 uncertain bù yídìng

○ 搭配词语。 **Use the proper words you've learnt to match the words below.**

就要＿＿＿＿＿＿＿＿＿＿＿＿＿了　　　　＿＿＿＿＿＿＿＿＿＿＿＿兴趣
jiù yào　　　　　　　　　　　　　le　　　　　　　　　　　　　　　　xìngqù

收获＿＿＿＿＿＿＿＿＿＿＿＿＿＿　　＿＿＿＿＿＿＿＿＿＿＿＿市场
shōuhuò　　　　　　　　　　　　　　　　　　　　　　　　　　　shìchǎng

什么样的＿＿＿＿＿＿＿＿＿＿＿＿　　不一定＿＿＿＿＿＿＿＿＿＿＿＿
shénmeyàng de　　　　　　　　　　bù yídìng

句子 **S**entences

1. 我马上就要回国了。 **I'm about to go back to my country right now.**
   Wǒ mǎshàng jiù yào huí guó le.

2. 时间虽然很短，可是我的收获很大。 **Although time is short, I've**
   Shíjiān suīrán hěn duǎn, kěshì wǒ de shōuhuò hěn dà. **benefited a lot.**

3. 你都有什么收获？ **What did you gain?**
   Nǐ dōu yǒu shénme shōuhuò?

4. 我参观了很多名胜古迹，还交
   Wǒ cānguān le hěn duō míngshèng gǔjì,
   了不少朋友。
   hái jiāo le bù shǎo péngyou.

   I visited a lot of places of historic interest and scenic beauty and made a lot of friends.

5. 最主要的是，我对自己的将来有了打算。
   Zuì zhǔyào de shì, wǒ duì zìjǐ de jiānglái yǒu le dǎsuàn.

   The most important thing is that I have plans for my future.

6. 你有什么打算？ What's your plan?
   Nǐ yǒu shénme dǎsuàn?

7. 我打算回国以后继续学汉语。
   Wǒ dǎsuàn huí guó yǐhòu jìxù xué Hànyǔ.

   I plan to continue studying Chinese after I go back to my country.

8. 我想将来找一份能用汉语的工作。
   Wǒ xiǎng jiānglái zhǎo yí fèn néng yòng Hànyǔ de gōngzuò.

   I hope I can find a job using Chinese in the future.

9. 我建议你去小商品市场。
   Wǒ jiànyì nǐ qù xiǎo shāngpǐn shìchǎng.

   I suggest you go to a small commodity market.

10. 你最好去一个大一点儿的市场。
    Nǐ zuìhǎo qù yí ge dà yìdiǎnr de shìchǎng.

    You'd better go to a larger market.

11. 你可以晚上去。 You can go there in the evening.
    Nǐ kěyǐ wǎnshang qù.

○ 根据不同内容给句子分类，并把句子的序号写在表格里。**Classify the sentences according to the different contents and fill the serial numbers in the table.**

内容 Content	句子 Sentences
谈收获 Discuss gains	
谈打算 Discuss plans	
提出建议 Make suggestions	

给老师的提示：
学生填完后,您还可以让他们把句子按类别再读一读。

情景 **S**cenes

王浩： Wáng Hào:	一个月过得真快，你们马上就要回国了吧？ Yí ge yuè guò de zhēn kuài, nǐmen mǎshàng jiù yào huí guó le ba?	
朱丽： Zhūlì:	是啊，时间虽然很短，可是我的收获很大。 Shì ā, shíjiān suīrán hěn duǎn, kěshì wǒ de shōuhuò hěn dà.	
王浩： Wáng Hào:	你都有什么收获？ Nǐ dōu yǒu shénme shōuhuò?	
朱丽： Zhūlì:	我参观了很多名胜古迹，还交了不少朋友。 Wǒ cānguān le hěn duō míngshèng gǔjì, hái jiāo le bù shǎo péngyou.	
王浩： Wáng Hào:	你的汉语水平也提高了。 Nǐ de Hànyǔ shuǐpíng yě tígāo le.	
朱丽： Zhūlì:	对。但是最重要的是，我对自己的将来有了打算。 Duì. dànshì zuì zhòngyào de shì, wǒ duì zìjǐ de jiānglái yǒu le dǎsuàn.	
王浩： Wáng Hào:	你有什么打算？ Nǐ yǒu shénme dǎsuàn?	
朱丽： Zhūlì:	我打算回国以后继续学汉语，将来找一份能用汉语的工作。 Wǒ dǎsuàn huí guó yǐhòu jìxù xué Hànyǔ, jiānglái zhǎo yí fèn néng yòng Hànyǔ de gōngzuò.	
王浩： Wáng Hào:	为什么？ Wèi shénme?	
朱丽： Zhūlì:	因为我对中国文化很有兴趣，想经常来中国看看。 Yīnwèi wǒ duì Zhōngguó wénhuà hěn yǒu xìngqù, xiǎng jīngcháng lái Zhōngguó kànkan.	
王浩： Wáng Hào:	现在这样的工作好找吗？ Xiànzài zhèyàng de gōngzuò hǎo zhǎo ma?	
朱丽： Zhūlì:	有很多公司都跟中国有贸易关系，应该好找吧。 Yǒu hěn duō gōngsī dōu gēn Zhōngguó yǒu màoyì guānxì, yīnggāi hǎo zhǎo ba.	**1**
王浩： Wáng Hào:	祝你成功！ Zhù nǐ chénggōng!	

Here "应该" indicates the estimate or conjecture according to the objective facts. E.g. 已经六点了，他们应该到了。/ 六年没见面了，他应该变化 (change) 很大吧。

Wang Hao:	One month has passed so fast, you guys are about to go back to your country right now, aren't you?
Julie:	Yeah, although time is short, I've benefited a lot.
Wang Hao:	What did you gain?
Julie:	I visited a lot of places of historic interest and scenic beauty and made a lot of friends.
Wang Hao:	You improved your Chinese as well.
Julie:	Yeah. But the most important thing is that I have plans for my future.

你有什么打算？

Wang Hao: What's your plan?

Julie: I plan to continue studying Chinese after I go back to my country and then find a job using Chinese in the future.

Wang Hao: Why?

Julie: Because I am interested in Chinese culture very much, and I hope to come to China often.

Wang Hao: Is it easy to find such job now?

Julie: There are many companies which have trading relationships with China, so I think it's easy.

Wang Hao: I hope for your success!

根据情景1回答问题。 Answer the questions according to Scene 1.

(1) 朱丽什么时候回国？
Zhūlì shénme shíhou huí guó?

(2) 她这次都有什么收获？
Tā zhè cì dōu yǒu shénme shōuhuò?

(3) 她将来有什么打算？
Tā jiānglái yǒu shénme dǎsuàn?

(4) 她为什么要找能用汉语的工作？
Tā wèi shénme yào zhǎo néng yòng Hànyǔ de gōngzuò?

有问有答。 Ask and answer.

Ask	Answer
你都有什么收获？ Nǐ dōu yǒu shénme shōuhuò?	
	我打算继续学习汉语。 Wǒ dǎsuàn jìxù xuéxí Hànyǔ.
你为什么想再来中国？ Nǐ wèi shénme xiǎng zài lái Zhōngguó?	
	应该好找吧。 Yīnggāi hǎo zhǎo ba.

李 静：英爱，你们哪天走？
Lǐ Jìng: Yīng'ài, nǐmen nǎ tiān zǒu?

英 爱：后天。还有最后两天了。
Yīng'ài: Hòutiān. Hái yǒu zuìhòu liǎng tiān le.

李 静：有什么事情需要我帮忙吗？
Lǐ Jìng: Yǒu shénme shìqing xūyào wǒ bāng máng ma?

英 爱：我想给朋友们买些礼物，你觉得去哪儿比较好？
Yīng'ài: Wǒ xiǎng gěi péngyou men mǎi xiē lǐwù, nǐ juéde qù nǎr bǐjiào hǎo?

李 静：你想买什么样的东西？
Lǐ Jìng: Nǐ xiǎng mǎi shénme yàng de dōngxi?

英 爱:	最好是有中国特色的小工艺品。
Yīng'ài:	Zuìhǎo shì yǒu Zhōngguó tèsè de xiǎo gōngyìpǐn.
李 静:	要是这样的话，我建议你去小商品市场。
Lǐ Jìng:	Yàoshi zhèyàng de huà, wǒ jiànyì nǐ qù xiǎo shāngpǐn shìchǎng.
英 爱:	附近有吗？
Yīng'ài:	Fùjìn yǒu ma?
李 静:	有一个，但是东西不全。我觉得你最好去一个大一点儿
Lǐ Jìng:	Yǒu yí ge, dànshì dōngxi bù quán. Wǒ juéde nǐ zuìhǎo qù yí ge dà yìdiǎnr
	的市场。
	de shìchǎng.
英 爱:	可是我不一定有时间。
Yīng'ài:	Kěshì wǒ bù yídìng yǒu shíjiān.
李 静:	你可以晚上去呀！一般的市场晚上九点才
Lǐ Jìng:	Nǐ kěyǐ wǎnshang qù ya! Yìbān de shìchǎng wǎnshang
	关门呢。
	jiǔ diǎn cái guān mén ne.
英 爱:	那我今天晚饭后去吧。
Yīng'ài:	Nà wǒ jīntiān wǎnfàn hòu qù ba.

2

Li Jing:	Ying'ai, which day will you leave?
Ying'ai:	The day after tomorrow. There are only two days left.
Li Jing:	What can I help you with?
Ying'ai:	I want to buy some gifts for my friends. Where do you think I should go?
Li Jing:	What kind of things do you want to buy?
Ying'ai:	It's better to buy some small Chinese handicrafts.
Li Jing:	If this is the case, I suggest you go to a small commodity market.
Ying'ai:	Is there any nearby?
Li Jing:	Yeah, there is one but the items are incomplete. I think you'd better go to a larger market.
Ying'ai:	But I'm not sure if I have time.
Li Jing:	You can go there in the evening. Ordinarily the market will be closed at 9 o'clock.
Ying'ai:	Then I will go there after dinner today.

◉ 根据情景2补全下面这段话。 **Complete the following paragraph according to the Scene 2.**

英爱_____就要回国了。她想给朋友们_____，
Yīng'ài　　　　　　　　jiù yào huí guó le. Tā xiǎng gěi péngyou men

而且最好是_____的小工艺品。李静建议她_____，
érqiě zuìhǎo shì　　　　　　de xiǎo gōngyìpǐn. Lǐ Jìng jiànyì tā

而且最好去_____。如果她白天没有时间，可以_____。
érqiě zuìhǎo qù　　　　　Rúguǒ tā báitiān méiyǒu shíjiān, kěyǐ

一般的市场九点_____呢。
Yìbān de shìchǎng jiǔ diǎn　　　　　　ne.

你有什么打算？

(1) 我想买礼物，你觉得去哪儿比较好？
Wǒ xiǎng mǎi lǐwù, nǐ juéde qù nǎr bǐjiào hǎo?

(2) 你想买什么样的东西？
Nǐ xiǎng mǎi shénme yàng de dōngxi?

(3) 附近有吗？
Fùjìn yǒu ma?

(4) 白天我不一定有时间。
Báitiān wǒ bù yídìng yǒu shíjiān.

a 有一个。
Yǒu yí ge.

b 我建议你去小商品市场。
Wǒ jiànyì nǐ qù xiǎo shāngpǐn shìchǎng.

c 你可以周末去啊。
Nǐ kěyǐ zhōumò qù a.

d 最好是有中国特色的小商品。
Zuìhǎo shì yǒu Zhōngguó tèsè de xiǎo shāngpǐn.

我的留学生活

在这一个月的时间里，我们一边学习汉语，一边旅游，虽然很累，但是收获不少。我的汉语有了一定的进步，还参观了很多名胜古迹，交了不少中国朋友。

我以前只会说一些简单的汉语。通过这一个月的学习，现在我不但能用汉语在饭馆儿点菜，在市场跟小贩讨价还价，而且还能用汉语跟中国人聊天儿，给他们介绍一些情况，讲述一些小事，介绍一个去过的地方。

说到去过的地方，我最喜欢的还是那些名胜古迹和风景优美的园林，颐和园、故宫、北海公园、天坛等等都给我留下了深刻的印象。

因为时间短，我只认识了两个中国朋友。他们都是大学生，一个是学中文的，一个是学经济的。他们非常友好，也很热情。我们一起去过公园，也一起爬过山。可能是因为年龄差不多吧，我们在一起的时候有很多话说，非常愉快。

Wǒ de Liúxué Shēnghuó

Zài zhè yí ge yuè de shíjiān lǐ, wǒmen yìbiān xuéxí Hànyǔ, yìbiān lǚyóu, suīrán hěn lèi, dànshì shōuhuò bù shǎo. Wǒ de Hànyǔ yǒu le yídìng de jìnbù, hái cānguān le hěn duō míngshèng gǔjì, jiāo le bù shǎo Zhōngguó péngyou.

Wǒ yǐqián zhǐ huì shuō yìxiē jiǎndān de Hànyǔ. Tōngguò zhè yí ge yuè de xuéxí, xiànzài wǒ búdàn néng yòng Hànyǔ zài fànguǎnr diǎn cài, zài shìchǎng gēn xiǎofàn tǎo jià huán jià, érqiě hái néng yòng Hànyǔ gēn Zhōngguórén liáo tiānr, gěi tāmen jièshào yìxiē qíngkuàng, jiǎngshù yìxiē xiǎo shì, jièshào yí ge qù guo de dìfang.

Shuō dào qù guo de dìfang, wǒ zuì xǐhuan de háishi nàxiē míngshèng gǔjì hé fēngjǐng yōuměi de yuánlín, Yíhé Yuán, Gù Gōng, Běihǎi Gōngyuán, Tiān Tán děng děng dōu gěi wǒ liú xià le shēnkè de yìnxiàng.

Yīnwèi shíjiān duǎn, wǒ zhǐ rènshi le liǎng ge Zhōngguó péngyou. Tāmen dōu shì dàxuéshēng, yí ge shì xué Zhōngwén de, yí ge shì xué jīngjì de. Tāmen fēicháng yǒuhǎo, yě hěn rèqíng. Wǒmen yìqǐ qù guo gōngyuán, yě yìqǐ pá guo shān. Kěnéng shì yīnwèi niánlíng chàbuduō ba, wǒmen zài yìqǐ de shíhou yǒu hěn duō huà shuō, fēicháng yúkuài.

3

Word box

一定 definite yídìng	进步 progress jìnbù	通过 through tōngguò	点(菜) order (food) diǎn (cài)
小贩 vender xiǎofàn	讨价还价 bargain tǎo jià huán jià	讲述 tell jiǎngshù	优美 beautiful yōuměi
园林 garden yuánlín	等 and so on děng	深刻 deep shēnkè	印象 impress yìnxiàng
友好 friendly yǒuhǎo	年龄 age niánlíng		

Proper Names

颐和园 the Summer Palace Yíhé Yuán	故宫 the Imperial Palace Gù Gōng	北海 Beihai Běi Hǎi	天坛 the Temple of Heaven Tiān Tán

○ 根据短文回答问题。**Answer questions according to the passage.**

(1) 他的汉语有哪些进步？
Tā de Hànyǔ yǒu nǎxiē jìnbù?

(2) 他参观了哪些名胜古迹？
Tā cānguān le nǎxiē míngshèng gǔjì?

(3) 他交了哪些朋友？
Tā jiāo le nǎxiē péngyou?

(4) 他的朋友是什么样的人？
Tā de péngyou shì shénme yàng de rén?

(5) 和朋友在一起，感觉怎么样？
Hé péngyou zài yìqǐ, gǎnjué zěnmeyàng?

活动 **A**ctivities

1. 语音练习 Pronunciation

学唐诗。**Learn to say a Tang poem.**

登鹳雀楼 Dēng Guànquè Lóu	On the Stork Tower
[唐]王之涣 [Táng]Wáng Zhīhuàn	[Tang Dydasty] Wang zhihuan

白日依山尽，
Báirì yī shān jìn,

黄河入海流。
Huáng Hé rù hǎi liú.

欲穷千里目，
Yù qióng qiān lǐ mù,

更上一层楼。
Gèng shàng yì céng lóu.

As daylight fades away along the hill,

The Yellow River flows into the sea.

To look for views of a thousand li away,

Go mounting another storey of the Tower.

● The last 2 lines of the poem are very famous, telling people the truth that you will enjoy a grander sight if you climb to a greater height. That is to say, you will obtain more rewards if you make unceasingly efforts to improve.

2. 替换练习 Substitution

用表格右侧的词语替换句中画线的部分，说出完整的句子。Use the words on the right side to say several new and complete sentences.

(1) 我马上就要回国了。 Wǒ mǎshàng jiù yào huí guó le.	不久 bùjiǔ	过几天 guò jǐ tiān	三天后 sān tiān hòu
(2) 时间虽然很短,可是我的 Shíjiān suīrán hěn duǎn, kěshì wǒ de 收获很大。 shōuhuò hěn dà.	待的时间、不长、我的听力进步很大 dāi de shíjiān, bù cháng, wǒ de tīnglì jìnbù hěn dà		学习、很累、我心里很愉快 xuéxí, hěn lèi, wǒ xīnli hěn yúkuài
(3) 你都有什么收获? Nǐ dōu yǒu shénme shōuhuò?	发现 fāxiàn	进步 jìnbù	感受 feeling gǎnshòu
(4) 我参观了很多名胜古迹， Wǒ cānguān le hěn duō míngshèng gǔjì, 还交了不少朋友。 hái jiāo le bù shǎo péngyou.	去了很多地方、认识了很多朋友 qù le hěn duō dìfang, rènshi le hěn duō péngyou		学习了汉语、了解了中国文化 xuéxí le Hànyǔ, liǎojiě le Zhōng-guó wénhuà
(5) 最主要的是，我对自己的将来 Zuì zhǔyào de shì, wǒ duì zìjǐ de 有了明确的想法。 jiānglái yǒu le míngquè de xiǎngfǎ.	提高了口语水平 tígāo le kǒuyǔ shuǐpíng	了解了中国文化 liǎojiě le Zhōngguó wénhuà	认识了很多朋友 rènshi le hěn duō péngyou
(6) 我打算回国以后继续学汉语。 Wǒ dǎsuàn huí guó yǐhòu jìxù xué Hànyǔ.	明年再来 míngnián zài lái	在这儿上大学 zài zhèr shàng dàxué	以后继续学习 yǐhòu jìxù xuéxí
(7) 我建议你去小商品市场。 Wǒ jiànyì nǐ qù xiǎo shāngpǐn shìchǎng.	和朋友一起去 hé péngyou yìqǐ qù	早一点儿去 zǎo yìdiǎnr qù	坐火车去 zuò huǒchē qù
(8) 你最好去大一点儿的市场。 Nǐ zuìhǎo qù dà yìdiǎnr de shìchǎng.	九点以前去 jiǔ diǎn yǐqián qù	走这条路 zǒu zhè tiáo lù	尝尝那儿的特色菜 chángchang nàr de tèsè cài
(9) 你可以晚上去。 Nǐ kěyǐ wǎnshang qù.	多买一点儿 duō mǎi yìdiǎnr	参加旅游团 cānjiā lǚyóu tuán	骑车去 qí chē qù

3. 看图说话 Look and Say

看看下面的图，说一说他们可能问了什么。Look at the following pictures and say what they might ask.

● The following sentences may help you.

你……以后打算做什么？
Nǐ … yǐhòu dǎsuàn zuò shénme?

你在……方面有什么打算？
Nǐ zài … fāngmiàn yǒu shénme dǎsuàn?

你打算怎么……？
Nǐ dǎsuàn zěnme …?

你打算……什么？
Nǐ dǎsuàn … shénme?

①

我想去打一会儿篮球。
Wǒ xiǎng qù dǎ yíhuìr lánqiú.

②

我准备下个月去。
Wǒ zhǔnbèi xià ge yuè qù.

③

我打算下个学期学法语。
Wǒ dǎsuàn xià ge xuéqī xué Fǎyǔ.

④

合唱团比较好，我想参加这个。
Héchàng tuán bǐjiào hǎo, wǒ xiǎng cānjiā zhège.

我准备找个搬家 (move) 公司。
Wǒ zhǔnbèi zhǎo ge bānjiān gōngsī.

⑤

4. 单人练习 Individual Work

想一想下面这几种情况他们应该怎么办，然后试着说一说。Think and try to say what they should do under the following situations.

(1) 李静最近经常睡不着觉。Recently, Li Jing often loses her sleep.

(2) 王浩记不住英语生词。Wang Hao can't remember English vocabularies.

(3) 英爱希望自己再瘦一点儿。Ying'ai hopes to be slimer.

● The following sentences may help you.

我建议……
Wǒ jiànyì …

他（她）最好……
Tā (tā) zuì hǎo …

他（她）可以……
Tā (tā) kěyǐ …

给老师的提示：
您可以指定不同的学生分别用不同的方式表达。

5. 双人活动 Pair Work

这一次学习结束后，你打算做些什么？采访同伴，了解一下他（她）的打算。What do you plan to do after the studies? Interview your partner to know his / her plans.

(1) 和同伴一起确定采访的主题，看看他（她）在哪方面有打算。You and your partner determine a topic together before the interview and find out his / her plans.

☐ 学习　　　☐ 运动　　　☐ 旅游　　☐ 参加社团活动　　☐ 找工作
　　xuéxí　　　　　yùndòng　　　　lǚyóu　　cānjiā shètuán huódòng　　zhǎo gōngzuò

(2) 准备采访时要问的问题。Prepare some interview questions.

　　1.

　　2.

　　3.

　　4.

　　5.

(3) 采访同伴，并对同伴的打算提出你的建议。把同伴说的内容简单记录一下。Interview your partner and give advice to his / her plans. Take notes during the interview.

(4) 向大家报告你采访到的内容。Present your interview to the class.

6. 小组活动 Group Work

三人一组，给周红出出主意。Work in a group of 3 to give advice to Zhou Hong.
周红要去你的国家出差一个星期。她准备回国时给她的父母、妹妹、好朋友和自己的男朋友每人带一件礼物。这些礼物最好有你们国家的特色，而且价格不要太贵。请帮她计划一下，买什么东西合适。Zhou Hong is going to your country for a business trip. She plans to bring back a present for each of these people: her parents, younger sister, friends and boyfriend. These presents will be of national characteristic and low expense. What are your suggestions?

(1) 和同伴讨论一下给每个人买什么礼物，并说说理由。把讨论内容简单记录在表格中。Discuss with your partner what presents she will buy for everyone and give reasons. Note your discussion briefly down in the table.

送给谁 Sòng gěi shéi	什么礼物 Shénme lǐwù	为什么买这个 Wèi shénme mǎi zhège	花了多少钱 Huā le duōshao qián

(2) 选一个代表，向全班报告你们的讨论结果。Select a representative to present your discussion results.

7. 成段表达 Expression

想想下面的问题，然后说说你这次学习的收获。Think about the following questions and then talk about the gains in your study.

(1) 你的汉语水平有没有提高？
   Nǐ de Hànyǔ shuǐpíng yǒu méiyǒu tígāo?

(2) 你参观了哪些地方？参观这些地方对你有什么好处？
   Nǐ cānguān le nǎxiē dìfang? Cānguān zhèxiē dìfang duì nǐ yǒu shénme hǎochù?

(3) 你了解了哪些你以前不知道的事情？
   Nǐ liǎojiě le nǎxiē nǐ yǐqián bù zhīdào de shìqing?

(4) 你认识了哪些朋友？和他们一起做什么了？感觉怎么样？
   Nǐ rènshi le nǎxiē péngyou? Hé tāmen yìqǐ zuò shénme le? Gǎnjué zěnmeyàng?

(5) 你觉得最重要的收获是什么？为什么？
   Nǐ juéde zuì zhòngyào de shōuhuò shì shénme? Wèi shénme?

8. 看图交流 Look and Share Information

两人一组，一个人看图A，一个人看图B。请用汉语对图A和图B进行比较，看看你们的图有什么不一样。Work in pairs. One looks at picture A and the other, picture B. Use Chinese to describe your picture as much as possible, and then compare with your partner's.

9. 常用语句 Useful Language

以后常联系。
Yǐhòu cháng liánxì.
Let's keep in touch.

挥手 wave one's hand
huī shǒu
告别 say goodbye
gàobié

188

写汉字 | **C**hinese Characters

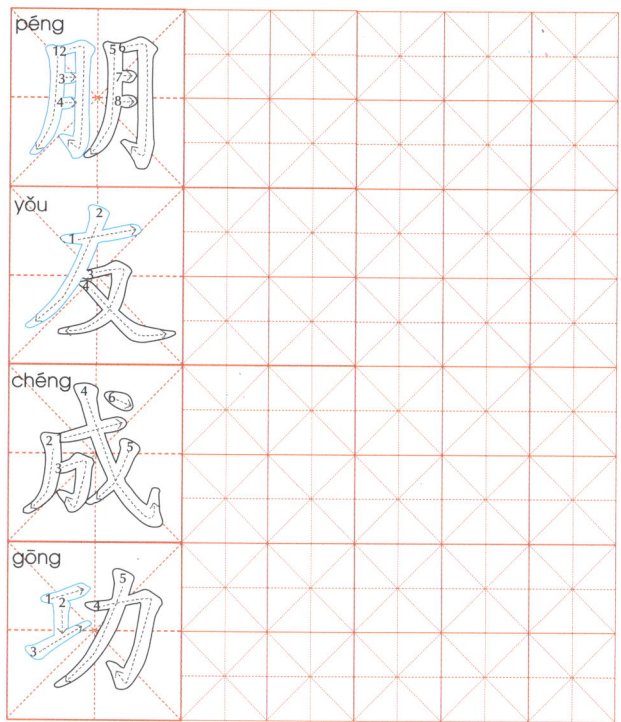

péng 朋

yǒu 友

chéng 成

gōng 功

揮手 wave one's hand
huī shǒu
告别 say goodbye
gàobié

B

阿拉木汗
ā lā mù hàn

维吾尔族民歌
王洛宾编

阿拉木汗什么　样？
ā lā mù hàn shénme　yàng
身段不肥也　不瘦。
shēn duàn bù féi yě　bú shòu

阿拉木汗你在哪里？
ā lā mù hàn nǐ zài nǎ lǐ
吐鲁番西三　百六。
tǔ lǔ fān xī sān　bǎi liù

阿拉木汗什么　样？
ā lā mù hàn shénme　yàng
身段不肥也　不瘦。
shēn duàn bù féi yě　bú shòu

她的眉　毛像弯月，
tā de méi　mao xiàng wānyuè
她的腰　身　像绵柳，
tā de yāo　shēn　xiàng mián liǔ

为她黑　夜没瞌睡，
wèi tā hēi　yè méi kēshuì
为她白　天　常咳嗽，
wèi tā bái　tiān　cháng késou

她的小　嘴很　多情，
tā de xiǎo　zuǐ hěn　duō qíng
眼睛能　使　你发抖。
yǎn jing néng　shǐ　nǐ fādǒu

为她冒　着风　和雨，
wèi tā mào　zhe fēng　hé yǔ
为她鞋　底　常跑透。
wèi tā xié　dǐ　cháng pǎotòu

阿拉木汗什么　样？
ā lā mù hàn shénme　yàng
身段不肥也　不瘦。
shēn duàn bù féi yě　bú shòu

阿拉木汗你在哪里？
ā lā mù hàn nǐ zài nǎ lǐ
吐鲁番西三　百六。
tǔ lǔ fān xī sān　bǎi liù

阿拉木汗什　么样？
ā lā mù hàn shén　me yàng
身段不肥也　不瘦。
shēnduàn bù féi yě　bú shòu

阿拉木汗你在哪里？
ā lā mù hàn nǐ zài nǎ lǐ
吐鲁番西三　百六。
tǔ lǔ fān xī sān　bǎi liù

月亮代表我的心

yuè liang dài biǎo wǒ de xīn

汤尼 曲
孙仪 词

词 类 简 称 表
Abbreviations of Word Classes

Abbreviation	Word Classes in English	Word Classes in Chinese	Word Classes in Pinyin
n	noun	名词	míngcí
pn	proper noun	专有名词	zhuānyǒu míngcí
v	verb	动词	dòngcí
mv	model verb	能愿动词	néngyuàn dòngcí
a	adjective	形容词	xíngróngcí
pron	pronoun	代词	dàicí
num	numeral	数词	shùcí
m	measure word	量词	liàngcí
adv	adverb	副词	fùcí
prep	preposition	介词	jiècí
conj	conjunction	连词	liáncí
pt	particle	助词	zhùcí
int	interjection	叹词	tàncí

词 语 表
Vocabulary Index

1

专业	n	zhuānyè	major
今年		jīnnián	this year
上	v	shàng	be engaged (in work or study, etc.)
大三		dà sān	the third year in college
请教	v	qǐngjiào	ask for advice
介绍	v	jièshào	introduce
经济	n	jīngjì	economy
美国	pn	Měiguó	America
杰克	pn	Jiékè	Jack
王浩	pn	Wáng Hào	Wang Hao
李静	pn	Lǐ Jìng	Li Jing
*大一		dà yī	freshman in college
*初三		chū sān	grade 3 in junior high school
*录音	v、n	lùyīn	record
*法语	pn	Fǎyǔ	French

* 日语	pn	Rìyǔ	Japanese
* 德语	pn	Déyǔ	German
* 法律	n	fǎlǜ	law
* 会计	n	kuàijì	accounting
* 文学	n	wénxué	literature
* 美术	n	měishù	fine art
* 报名		bào míng	enter oneself for
* 舞蹈	n	wǔdǎo	dancing

2

周末	n	zhōumò	weekend
帮	v	bāng	help
简历	n	jiǎnlì	resumè
号码	n	hàomǎ	number
着急	adj	zháojí	worry
层	m	céng	floor
朱丽	pn	Zhū Lì	Julie
* 上网		shàng wǎng	surf the Internet
* 中学	n	zhōngxué	high school
* 夏令营	n	xiàlìngyíng	summer camp
* 日期	n	rìqī	date
* 活动	n	huódòng	activity
* 开学		kāi xué	term begins
* 典礼	n	diǎnlǐ	ceremony
* 京剧	n	jīngjù	Peking Opera
* 游览	v	yóulǎn	sightseeing
* 文化	n	wénhuà	culture
* 讲座	n	jiǎngzuò	lecture
* 访问	v	fǎngwèn	visit
* 学期	n	xuéqī	term
* 结束	v	jiéshù	finish
* 国庆节		Guóqìngjié	the National Day
* 放假		fàng jià	have a holiday
* 元旦	pn	Yuándàn	New Year's Day
* 寒假	n	hánjià	winter holiday
* 旅游	v	lǚyóu	travel
* 博物馆	n	bówùguǎn	museum
* 手机	n	shǒujī	cell phone

3

师傅	*n*	shīfu	Sir (a respectful form of address for a skilled worker)
摊主	*n*	tānzhǔ	stand owner
按	*prep*	àn	by
葡萄	*n*	pútáo	grape
味道	*n*	wèidào	taste
串	*m*	chuàn	cluster
T恤衫	*n*	T-xù shān	T-shirt
号	*n*	hào	size
质量	*n*	zhìliàng	quality
图案	*n*	tú'àn	pattern
长城	*pn*	Cháng Chéng	the Great Wall
*冰激凌	*n*	bīngjīlíng	ice-cream
*瘦	*adj*	shòu	tight
*肥	*adj*	féi	loose
*黑	*adj*	hēi	black
*合适	*adj*	héshì	suitable
*洗发水	*n*	xǐfàshuǐ	shampoo
*卫生纸	*n*	wèishēngzhǐ	toilet paper
*香皂	*n*	xiāngzào	soap
*毛巾	*n*	máojīn	towel
*项链	*n*	xiàngliàn	necklace
*包	*n*	bāo	bag
*长袖		cháng xiù	long-sleeve
*短袖		duǎn xiù	short-sleeve
*香蕉	*n*	xiāngjiāo	banana
*梨	*n*	lí	pear
*桃	*n*	táo	peach
*草莓	*n*	cǎoméi	strawberry
*菠萝	*n*	bōluó	pineapple
*橙子	*n*	chéngzi	orange
*哈密瓜	*n*	hāmìguā	cantaloup
*香肠	*n*	xiāngcháng	sausage
*沙拉酱		shālā jiàng	salad dressing
*果汁	*n*	guǒzhī	juice
*葡萄酒		pútáo jiǔ	grape wine
*袋	*n*	dài	pack (measure word)

* 毛衣	*n*	máoyī	sweater
* 售货员	*n*	shòuhuòyuán	shop assistant

4

服务员	*n*	fúwùyuán	waiter/waitress
菜单	*n*	càidān	menu
肉	*n*	ròu	meat
丸子	*n*	wánzi	a round mass of food, ball
辣	*adj*	là	spicy
蔬菜	*n*	shūcài	vegetable
照片儿	*n*	zhàopiānr	photo
主食	*n*	zhǔshí	staple food
碗	*n*	wǎn	bowl
放	*v*	fàng	put
盐	*n*	yán	salt
味精	*n*	wèijīng	monosodium glutamate
稍等		shāo děng	wait a minute
勺子	*n*	sháozi	spoon
餐巾纸	*n*	cānjīnzhǐ	napkin
尝	*v*	cháng	taste
咸	*adj*	xián	salty
加	*v*	jiā	add
汤	*n*	tāng	soup
推荐	*v*	tuījiàn	recommend
小吃	*n*	xiǎo chī	snack
建议	*v\n*	jiànyì	suggest
主要	*adj*	zhǔyào	main
酸	*adj*	suān	sour
红烧狮子头		hóngshāo shīzitóu	stewed meatballs with brown sauce
清炒西蓝花		qīngchǎo xīlánhuā	sautée broccoli
馄饨	*n*	húntun	wonton
羊肉串		yángròuchuàn	lamb kebab
酸辣粉		suānlàfěn	sour and hot rice noodles
粉条	*n*	fěntiáo	rice noodle
青菜	*n*	qīngcài	vegetables
黄豆	*n*	huángdòu	soybean
* 土豆	*n*	tǔdòu	potato
* 舌头	*n*	shétou	tongue
* 素菜		sùcài	vegetarian food

* 饮料	*n*	yǐnliào	drink
* 油	*n*	yóu	oil
* 辣椒	*n*	làjiāo	pepper
* 香菜	*n*	xiāngcài	caraway
* 筷子	*n*	kuàizi	chopstick
* 油腻	*adj*	yóunì	oily
* 香	*adj*	xiāng	savory
* 白菜	*n*	báicài	cabbage
* 豆腐	*n*	dòufu	tofu
* 茄子	*n*	qiézi	eggplant
* 西红柿	*n*	xīhóngshì	tomato
* 西芹		xī qín	celery
* 羊肉		yáng ròu	lamb
* 猪肉		zhū ròu	pork
* 鸡肉		jī ròu	chicken
* 牛肉		niú ròu	beef
* 埋单		máidān	bill, please
* 鱼	*n*	yú	fish
* 西餐	*n*	xīcān	Western food
* 牛排	*n*	niúpái	steak
* 叉子	*n*	chāzi	fork

5

打扰	*v*	dǎrǎo	trouble
路人	*n*	lùrén	passerby
走路		zǒu lù	walk
大概	*adv*	dàgài	about
得	*mv*	děi	have to
商场	*n*	shāngchǎng	superstore
饭店	*n*	fàndiàn	restaurant, hotel
路口	*n*	lùkǒu	cross
拐	*v*	guǎi	turn
购物中心		gòu wù zhōngxīn	shopping mall
洗	*v*	xǐ	develop, process
餐厅	*n*	cāntīng	canteen
超市	*n*	chāoshì	supermarket
音像	*n*	yīnxiàng	video
店	*n*	diàn	store
种类	*n*	zhǒnglèi	kind

挺	adv	tǐng	rather
米	m	mǐ	meter
左右	n	zuǒyòu	around
旅游	v	lǚyóu	travel
市	n	shì	city
图书	n	túshū	book
大厦	n	dàshà	mansion
英爱	pn	Yīng'ài	Ying'ai
新街口	pn	Xīnjiēkǒu	Xinjiekou
西单	pn	Xīdān	Xidan
* 卫生间	n	wèishēngjiān	toilet
* 公用	v	gōngyòng	public
* 复印	v	fùyìn	copy
* 电子	n	diànzǐ	electric
* 网吧	n	wǎngbā	Net café
* 理发馆	n	lǐfà guǎn	barbershop
* 健身房	n	jiànshēnfáng	gym
* 电影院	n	diànyǐngyuàn	cinema
* 头	n	tóu	the end (of a road)
* 花园	n	huāyuán	garden
* 散步		sàn bù	walk
* 全	adj	quán	complete

6

服务台		fúwù tái	service desk
请问		qǐngwèn	excuse me
空调	n	kōngtiáo	air-conditioner
制冷	v	zhìlěng	refrigerate
修	v	xiū	repair
床单	n	chuángdān	sheet
打扫	n	dǎsǎo	clean
国际	n	guójì	international
长途	adj	chángtú	long-distance
（打）通	v	(dǎ) tōng	get through (on the phone)
开通		kāitōng	open
业务	n	yèwù	service
卡	n	kǎ	card
小卖部	n	xiǎomàibù	a small shop
蓝色		lán sè	blue

词语表

本子	*n*	běnzi	notebook
* 亮	*v*	liàng	light
* 钱包	*n*	qiánbāo	purse
* 出门		chū mén	go out
* 迷路		mí lù	lose one's way
* 死机		sǐ jī	(the computer is) not responding
* 急救	*v*	jíjiù	emergent
* 过（河）	*v*	guò (hé)	across (the river)
* 河	*n*	hé	river
* 船	*n*	chuán	boat, ship
* 旅行	*v*	lǚxíng	travel
* 受伤	*v*	shòu shāng	hurt
* 严重	*adj*	yánzhòng	serious
* 当地人		dāngdì rén	local
* 救护车		jiùhù chē	ambulance
* 浴室	*n*	yùshì	bath room
花洒	*n*	huāsǎ	shower

7

脸色	*n*	liǎnsè	complexion
浑身	*n*	húnshēn	all over (the body)
劲（儿）	*n*	jìn (r)	energy
嗓子	*n*	sǎngzi	throat
赶快	*adv*	gǎnkuài	hurry
度	*n*	dù	degree
好好儿	*adj*	hǎohāor	in perfectly good condition
肚子	*n*	dùzi	stomach
恶心	*adj*	ěxīn	sick
难受	*adj*	nánshòu	suffer pain
拉肚子		lā dùzi	diarrhea
同时	*n*	tóngshí	at the same time
消化	*v*	xiāohuà	digestion
开（药）	*v*	kāi (yào)	prescript
售货员	*n*	shòuhuòyuán	shop assistant
治	*v*	zhì	cure
症状	*n*	zhèngzhuàng	symptom
流鼻涕		liú bítì	have a running nose
西药	*n*	xīyào	Western medicine
中药	*n*	zhōngyào	Chinese medicine

效果	*n*	xiàoguǒ	effect
有效	*adj*	yǒuxiào	effective
药片	*n*	yàopiàn	pill
冲剂	*n*	chōngjì	medicine to be taken after being mixed with boiling water
包	*n*	bāo	pack
盒	*n*	hé	box
银黄颗粒		Yínhuáng Kēlì	Yinhuang Keli
* 吐	*v*	tù	vomit
* 针	*n*	zhēn	needle
* 生病		shēng bìng	fall ill
* 腰	*n*	yāo	waist
* 胃	*n*	wèi	stomach
* 胳膊	*n*	gēbo	arm
* 脖子	*n*	bózi	neck
* 肩膀	*n*	jiānbǎng	shoulder
* 牙	*n*	yá	teeth
* 指头	*n*	zhǐtou	finger
* 检查	*v*	jiǎnchá	check
* 痛苦	*adj*	tòngkǔ	pain
* 咳嗽	*v*	késou	cough
* 量	*v*	liáng	measure
* 体温	*n*	tǐwēn	body temperature
* 住院		zhùyuàn	stay in a hospital
* 要紧	*adj*	yàojǐn	important

8

好听	*agj*	hǎotīng	pleasant to hear
首	*m*	shǒu	measure word for songs
著名	*adj*	zhūmíng	famous
民歌	*n*	míngē	folk song
把	*prep*	bǎ	preposition word
歌词	*n*	gēcí	words of a song
节目	*n*	jiémù	performance
女生		nǔshēng	schoolgirl
舞蹈	*n*	wǔdǎo	dance
套	*m*	tào	measure word, set
服装	*n*	fúzhuāng	costume, dress
对面	*n*	duìmiàn	opposite

租	*v*	zū	rent
风景	*n*	fēngjǐng	scenery
合影	*n*	héyǐng	a group picture
小伙子	*n*	xiǎohuǒzi	young man
靠近	*v*	kàojìn	be close to
塔	*n*	tǎ	pagoda
横	*v*	héng	horizontal
竖	*v*	shù	vertical
半身		bàn shēn	the upper half of the body
哎呀	*int*	āiyā	interjection
闭	*v*	bì	shut
藏族	*pn*	Zàngzú	the Zang nationality
* 搬	*v*	bān	move
* 抬	*v*	tái	lift
* 递	*v*	dì	pass
* 箱子	*n*	xiāngzi	suitcase
* 导游	*n*	dǎoyóu	tourist guide
* 涂改液	*n*	túgǎi yè	correction fluid
* 橡皮	*n*	xiàngpí	rubber eraser
* 遥控器	*n*	yáokòng qì	remote control
* 同屋	*n*	tóng wū	roommate

9

凉快	*adj*	liángkuai	cool
出门		chū mén	go out
预报	*v*	yùbào	predict
多云	*adj*	duōyún	cloudy
转	*v*	zhuǎn	turn to
温度	*n*	wēndù	temperature
山	*n*	shān	mountain
咱们	*pron*	zánmen	we, us
空气	*n*	kōngqì	air
底下	*n*	dǐxia	below, under
定	*v*	dìng	decide
不见不散		bú jiàn bú sàn	be there and be square
聚会	*v\n*	jùhuì	party
* 闷	*adj*	mēn	sweltering
* 有空		yǒu kòng	free
* 愿意	*mv*	yuànyì	will

* 薄	*adj*	báo	thin
* 厚	*adj*	hòu	thick
* 帽子	*n*	màozi	hat
* 出口	*n*	chūkǒu	exit
* 正门	*n*	zhèngmén	front door
* 会	*v*	huì	can
* 牌子	*n*	páizi	sign
* 打篮球	*n*	dǎ lánqiú	play basketball
* 看	*v*	kàn	look in
* 结束	*v*	jiéshù	end

10

叔叔	*n*	shūshu	uncle
阿姨	*n*	āyí	auntie
家常便饭		jiācháng biànfàn	home-style food, potluck
可	*adv*	kě	really
拿手	*adj*	náshǒu	expert, skillful
手艺	*n*	shǒuyì	craft, skill
清淡	*adj*	qīngdàn	light (food)
干（杯）	*v*	gān (bēi)	drink to
敬	*v*	jìng	toast
祝	*v*	zhù	wish
健康	*n\adj*	jiànkāng	health
热情	*n\adj*	rèqíng	hospitable
招待	*v*	zhāodài	host
留步	*v*	liúbù	don't bother to come any further
让	*v*	ràng	let, make
送	*v*	sòng	see sb. out
清蒸鱼		qīngzhēngyú	steamed fish
* 倒	*v*	dào	pour
* 撑	*v*	chēng	fill to the point of
* 快乐	*adj*	kuàilè	happy
* 顺利	*adj*	shùnlì	smoothly
* 好意	*n*	hǎoyì	good will
* 主人	*n*	zhǔrén	host
* 客人	*n*	kèrén	guest
* 拥挤	*adj*	yōngjǐ	crowded
* 画儿	*n*	huàr	picture
* 家具	*n*	jiājù	furniture

词语表

* 院子	*n*	yuànzi	courtyard
* 布置	*v*	bùzhì	decorate
* 猫	*n*	māo	cat
* 狗	*n*	gǒu	dog
* 可爱	*adj*	kě'ài	cute

11

全家福	*n*	quánjiāfú	pictures of a whole family
爷爷	*n*	yéye	grandpa
奶奶	*n*	nǎinai	grandma
快（要）	*adv*	kuài (yào)	be about to
另	*adj*	lìng	another
开	*v*	kāi	open
公司	*n*	gōngsī	company
护士	*n*	hùshi	nurse
法学院		fǎ xuéyuàn	law school
硕士	*n*	shuòshì	master
研究生	*n*	yánjiūshēng	postgraduate
律师	*n*	lǜshī	lawyer
大学	*n*	dàxué	university
高二		gāo èr	grade 2 in a senior high school
表哥		biǎo gē	cousin
妻子	*n*	qīzǐ	wife
长	*v*	zhǎng	look like
帅	*adj*	shuài	handsome
般配	*adj*	bānpèi	perfect match
身高	*n*	shēngāo	height
篮球	*n*	lánqiú	basketball
摄影	*v*	shèyǐng	photograph
记者	*n*	jìzhě	journalist
辛苦	*adj*	xīnkǔ	tiring
来自	*v*	láizì	come from
毕业	*v*	bìyè	graduate
羡慕	*v*	xiànmù	admire
夫妇	*n*	fūfù	couple
儿子	*n*	érzi	son
开朗	*adj*	kāilǎng	sanguine
德国	*pn*	Déguó	Germany
韩国	*pn*	Hánguó	Korea

泰国	*pn*	Tàiguó	Thailand
* 经理	*n*	jīnglǐ	manager
* 工厂	*n*	gōngchǎng	factory
* 老板	*n*	lǎobǎn	boss
* 校长	*n*	xiào zhǎng	president of a university
* 职员	*n*	zhíyuán	clerk
* 警察	*n*	jǐngchá	policeman
* 工程师	*n*	gōngchéngshī	engineer
* 小学	*n*	xiǎoxué	primary school
* 厘米	*n*	límǐ	centimeter
* 弹	*v*	tán	play (an instrument)
* 琴	*n*	qín	(play) an instrument
* 计算	*v*	jìsuàn	calculate
* 抓	*v*	zhuā	arrest
* 军队	*n*	jūnduì	army
* 小组	*n*	xiǎozǔ	group
* 记录	*n*	jìlù	record
* 平均	*adj*	píngjūn	average
* 年龄	*n*	niánlíng	age
* 化妆品	*n*	huàzhuāngpǐn	cosmetic
* 消防员	*n*	xiāofángyuán	fireman
* 灭	*v*	miè	pull out a fire

12

建	*v*	jiàn	build
网球	*n*	wǎngqiú	tennis
场	*n*	chǎng	court, field
好久	*n*	hǎojiǔ	a long time
武术	*n*	wǔshù	martial art
感兴趣		gǎn xìngqù	be interested in
上网		shàng wǎng	surf on the Internet
共同	*adj*	gòngtóng	common
社团	*n*	shètuán	organization
活动	*n*	huódòng	activity
合唱	*v*	héchàng	chorus
团	*n*	tuán	group
志愿者	*n*	zhìyuànzhě	volunteer
老人	*n*	lǎorén	old people
环境	*n*	huánjìng	environment

词语表

保护	v	bǎohù	protect
话剧	n	huàjù	drama, stage play
演出	v\n	yǎnchū	show, performance
坚持	v	jiānchí	persist in
项	m	xiàng	measure word for itemized things
既…又…	conj	jì … yòu …	both...and...
使	v	shǐ	make
放松	v	fàngsōng	relax
心情	n	xīnqíng	mood
影响	v\n	yǐngxiǎng	affect
古典	adj	gǔdiǎn	classical
爱好者		àihào zhě	amateur
流行	adj	liúxíng	popular
阅读	v	yuèdú	read
增长	v	zēngzhǎng	enlarge
见识	n	jiànshi	view
开阔	v	kāikuò	broaden
眼界	n	yǎnjiè	horizon
逛	v	guàng	stroll
假期	n	jiàqī	holiday
* 足球	n	zúqiú	football, soccer
* 钢琴	n	gāngqín	piano
* 游戏	n	yóuxì	game
* 逛街		guàng jiē	go shopping
* 小说	n	xiǎoshuō	novel
* 球拍	n	qiúpāi	racket

13

趟	m	tàng	measure word
名胜	n	míngshèng	place of interest
古迹	n	gǔjì	historic site
紧	adj	jǐn	tight
省	n	shěng	province
博物馆	n	bówùguǎn	museum
感觉	n	gǎnjué	feeling
简直	adv	jiǎnzhí	rather
棒	adj	bàng	amazing, wonderful
景点	n	jǐngdiǎn	scenery spot
值得	v	zhídé	worth

待	v	dāi	stay
差不多	adj	chàbuduō	almost
现代化	v	xiàndàihuà	modern
不过	conj	búguò	but
浪漫	adj	làngmàn	romantic
东方	n	dōngfāng	the Orient
美称	n	měichēng	good name
船	n	chuán	boat
游览	v	yóulǎn	visit
欣赏	v	xīnshǎng	appreciate
夜景	n	yèjǐng	night scenery
粘	adj	nián	sticky, glutinous
南方	n	nánfāng	the south
湿度	n	shīdù	humidity
雨水	n	yǔshuǐ	rain
北方	n	běifāng	the north
提	v	tí	mention
淋	v	lín	be caught in
湿	adj	shī	wet
西安	pn	Xī'ān	Xi'an
兵马俑	pn	Bīngmǎyǒng	Terracotta Warriors and Horses
华清池	pn	Huáqīng Chí	Huaqing Hot Spring
上海	pn	Shànghǎi	Shanghai
北京	pn	Běijīng	Beijing
巴黎	pn	Bālí	Paris
黄埔江	pn	Huángpǔ Jiāng	Huangpu River
放假		fàng jià	have a holiday
同屋	n	tóng wū	roommate
古城		gǔ chéng	ancient city
建筑	n	jiānzhù	architecture
特色	n	tèsè	feature, characteristic
风俗	n	fēngsú	custom
文化	n	wénhuà	culture
大部分		dà bùfen	a majority of
文字	n	wénzì	written language
古老	adj	gǔlǎo	ancient
街道	n	jiēdào	street
房子	n	fángzi	house
传统	n\adj	chuántǒng	tradition

词语表

小溪		xiǎo xī	stream
到处		dàochù	all around
湖	n	hú	lake
美丽	adj	měilì	beautiful
草原	n	cǎoyuán	grassland
天空	n	tiānkōng	sky
伸	v	shēn	stretch
摸	v	mō	touch
云南	pn	Yúnnán	Yunnan Province
大理	pn	Dàlǐ	Dali City
丽江	pn	Lìjiāng	Lijiang City
香格里拉	pn	Xiānggélǐlā	Shangrila
白族	pn	Báizú	the Bai nationality
纳西族	pn	Nàxīzú	the Naxi nationality
* 潮湿	adj	cháoshī	wet
* 现代	n	xiàndài	modern
* 市区	n	shìqū	downtown
* 冒（雨）	v	mào (yǔ)	brave (the rain)
* 地图	n	dìtú	map
* 山区	n	shānqū	mountain area
* 沙漠	n	shāmò	desert
* 寺庙	n	sìmiào	temple
* 森林	n	sēnlín	forest
* 海	n	hǎi	sea
* 村庄	n	cūnzhuāng	countryside
* 宽阔	adj	kuānkuò	wide
* 茂密	adj	màomì	dense
* 神秘	adj	shénmì	mysterious
* 宽	adj	kuān	wide

14

嗨	int	hāi	hey
成	v	chéng	succeed
起	v	qǐ	get up
赶	v	gǎn	catch
糟糕	adj	zāogāo	terrible
结果	n	jiéguǒ	result
睡着		shuì zháo	fall in sleep
前一天		qián yì tiān	the day before

酒吧	*n*	jiǔbā	bar
确实	*adj*	quèshí	true
发音	*v \n*	fāyīn	pronunciation
差	*adj*	chà	bad
碰到		pèng dào	meet
老太太		lǎotàitai	old lady
却	*conj*	què	but
奇怪	*adj*	qíguài	odd
噢	*int*	ō	Oh
当时	*n*	dāngshí	at the time
肯定	*v \adj*	kěndìng	sure
不好意思		bù hǎoyìsi	embarrassing
看来	*conj*	kàn lái	it seems
韩语	*n*	Hányǔ	Korean
通	*v*	tōng	understand, know
农贸市场		nóngmào shìchǎng	agricultural fair
转	*v*	zhuàn	stroll
发现	*v*	fāxiàn	discover
小摊儿		xiǎo tānr	stand, booth
牌子	*n*	páizi	sign
物价	*n*	wùjià	price
随便	*adj*	suíbiàn	feel free
挑	*v*	tiāo	choose
称	*v*	chēng	weigh
吃惊	*adj*	chī jīng	surprise
遇	*v*	yù	meet
骗子	*n*	piànzi	swindler, cheat
标准	*adj*	biāozhǔn	standard
骗	*v*	piàn	cheat
明白	*v*	míngbai	understand
怎么回事		zěnme huí shì	what's the matter
莫名其妙		mò míng qí miào	without reason
从头到尾		cóng tóu dào wěi	from the beginning to the end of sth.
* 堵车		dǔ chē	traffic jam
* 摔	*v*	shuāi	fall on the ground
* 理解	*v*	lǐjiě	understand
* 误会	*v \n*	wùhuì	misunderstand
* 熟人	*n*	shúrén	acquaintance
* 生气		shēng qì	angrily

词语表

* 班长	*n*	bān zhǎng	monitor
* 撕	*v*	sī	tear
* 碎	*adj*	suì	break to pieces
* 皮	*n*	pí	peel, skin
* 扔	*v*	rēng	throw
* 后来	*n*	hòulái	later
* 捡	*v*	jiǎn	pick up
* 还	*v*	huán	return

15

过	*v*	guò	live
就要……了		jiù yào …… le	be about to
收获	*v \n*	shōuhuò	benefit, gain
交	*v*	jiāo	make (a friend)
份	*m*	fèn	measure word
兴趣	*n*	xìngqù	interest
贸易	*n*	màoyì	trade
成功	*adj*	chénggōng	success
后天	*n*	hòutiān	the day after tomorrow
帮忙		bāng máng	help
工艺品	*n*	gōngyìpǐn	handicraft
商品	*n*	shāngpǐn	commodity
市场	*n*	shìchǎng	market
全	*adj*	quán	complete
不一定		bù yídìng	uncertain
一定	*adv*	yídìng	definite
进步	*adj \n*	jìnbù	progress
通过	*prep*	tōngguò	through
点（菜）	*v*	diǎn (cài)	order (food)
小贩	*n*	xiǎofàn	vender
讨价还价		tǎo jià huán jià	bargain
讲述	*v*	jiǎngshù	tell
优美	*adj*	yōuměi	beautiful
园林	*n*	yuánlín	garden
等	*pt*	děng	and so on
深刻	*adj*	shēnkè	deep
印象	*n*	yìnxiàng	impression
友好	*adj*	yǒuhǎo	friendly
年龄	*n*	niánlíng	age

颐和园	*pn*	Yíhé Yuán	the Summer Palace
故宫	*pn*	Gù Gōng	the Imperial Palace
北海	*pn*	Běihǎi	Beihai
天坛	*pn*	Tiān Tǎn	the Temple of Heaven
*感受	*n\v*	gǎnshòu	feeling
*挥手		huī shǒu	wave one's hand
*告别	*v*	gàobié	say goodbye

生 活 常 用 句
Daily Expressions

问候、打招呼 Greeting

· 你好!
Nǐ hǎo!

· 认识你很高兴。
Rènshi nǐ hěn gāoxìng.

· 我也是。
Wǒ yě shì.

· 你去上课啊?
Nǐ qù shàng kè ā?

自我介绍和介绍别人 Introduction

· 我是美国留学生。
Wǒ shì Měiguó liúxuéshēng.

· 我今年上大三。
Wǒ jīnnián shàng dà sān.

· 我给你们介绍一下吧。
Wǒ gěi nǐmen jièshào yíxià ba.

· 她是学经济的。
Tā shì xué jīngjì de.

了解别人的情况 Getting to know others

· 你学汉语多长时间了?
Nǐ xué Hànyǔ duō cháng shíjiān le?

· 你们每天都上课吗?
Nǐmen měi tiān dōu shàng kè ma?

· 你业余时间做些什么?
Nǐ yèyú shíjiān zuò xiē shénme?

· 你会打网球吗?
Nǐ huì dǎ wǎngqiú ma?

· 除了打网球以外,你还喜欢什么运动?
Chúle dǎ wǎngqiú yǐwài, nǐ hái xǐhuan shénme yùndòng?

介绍自己的情况 Introducing youself

· 我学汉语一年多了。
Wǒ xué Hànyǔ yì nián duō le.

· 我们每天上午9点到12点都有汉语课。
Wǒmen měi tiān shàngwǔ jiǔ diǎn dào shí'èr diǎn dōu yǒu Hànyǔ kè.

· 我喜欢上网,特别是在网上跟别人聊天儿。
Wǒ xǐhuan shàng wǎng, tèbié shì zài wǎng shàng gēn biérén liáo tiānr.

· 我对武术特别感兴趣。
Wǒ duì wǔshù tèbié gǎn xìngqù.

询问家庭情况 Asking for family

· 你父母是做什么的?
Nǐ fùmǔ shì zuò shénme de?

· 他们多大年纪了?
Tāmen duō dà niánjì le?

· 你哥哥比你大几岁?
Nǐ gēge bǐ nǐ dà jǐ suì?

介绍自己的家庭 Introducing your family

· 我爸爸开了一家小公司。
Wǒ bàba kāi le yì jiā xiǎo gōngsī.

· 我妈妈在医院当护士。
Wǒ māma zài yīyuàn dāng hùshi.

209

- 他比我大六岁。
  Tā bǐ wǒ dà liù suì.

购物时说的话 Shopping

- 多少钱一斤?
  Duōshao qián yì jīn?

- 能便宜点儿吗?
  Néng piányi diǎnr ma?

- 再便宜一点儿吧。
  Zài piányi yìdiǎnr ba.

- 一块六怎么样?
  Yí kuài liù zěnmeyàng?

- 这件T恤衫我穿有点儿小。
  Zhè jiàn T-xù shān wǒ chuān yǒu diǎnr xiǎo.

- 我想换一件大的。
  Wǒ xiǎng huàn yí jiàn dà de.

- 请拿给我看看。
  Qǐng ná gěi wǒ kànkan.

- 我想试试这个。
  Wǒ xiǎng shìshi zhège.

在餐厅吃饭时说的话 Eating at a restaurant

- 我要一个……, 还要一个……
  Wǒ yào yí ge ......, hái yào yí ge ......

- 有什么蔬菜?
  Yǒu shénme shūcài?

- 请少放一点儿盐。
  Qǐng shǎo fàng yìdiǎnr yán.

- 不要放味精。
  Bú yào fàng wèijīng.

- 服务员, 请给我一个勺子。
  Fúwùyuán, qǐng gěi wǒ yí ge sháozi.

- 这个菜是用什么做的?
  Zhège cài shì yòng shénme zuò de?

- 服务员, 埋单。
  Fúwùyuán, máidān.

问路 Asking the way

- 打扰您一下, 可以吗?
  Dǎrǎo nín yíxià, kěyǐ ma?

- 请问附近有没有中国银行?
  Qǐngwèn fùjìn yǒu méiyǒu Zhōngguó yínháng?

- 学校里有洗照片儿的地方吗?
  Xuéxiào lǐ yǒu xǐ zhàopiānr de dìfang ma?

- 在哪儿可以买到……?
  Zài nǎr kěyǐ mǎi dào ......?

- 离这儿远吗?
  Lí zhèr yuǎn ma?

- 怎么走?
  Zěnme zǒu?

- 怎么坐车?
  Zěnme zuò chē?

服务咨询 Asking for service

- 喂, 是服务台吗?
  Wèi, shì fúwù tái ma?

- 我是302房间的。
  Wǒ shì sānlíng'èr fángjiān de.

- 我房间的空调坏了。
  Wǒ fángjiān de kōngtiáo huài le.

- 为什么打不通?
  Wèi shénme dǎ bù tōng?

- 我应该怎么办?
  Wǒ yīnggāi zěnme bàn?

- 你好, 我问一下……
  Nǐ hǎo, wǒ wèn yíxià ......

- 我还想问问您, ……
  Wǒ hái xiǎng wènwen nín, ...

请求帮助 Asking for help

- 请帮我换一下吧。
  Qǐng bāng wǒ huàn yíxià ba.

- 您能帮我找找吗?
  Nín néng bāng wǒ zhǎozhao ma?

- 您把这张CD借给我用用, 可以吗?
  Nín bǎ zhè zhāng CD jiè gěi wǒ yòngyong, kěyǐ ma?

- 您可以帮我写一下拼音吗?
  Nín kěyǐ bāng wǒ xiě yíxià pīnyīn ma?

- 帮我们照张像, 好吗?
  Bāng wǒmen zhào zhāng xiàng, hǎo ma?

- 请您一定把那个(塔)照进去。
  Qǐng nín yídìng bǎ nàge (tǎ) zhào jìn qù.

- 麻烦您再照一张。

Máfan nín zài zhào yì zhāng.

· 请您竖着照，好吗？
Qǐng nín shù zhe zhào, hǎo ma?

表示感谢 Expressing appreciation

· 真是太感谢了！
Zhēn shì tài gǎnxiè le!

说明身体状况和请假 Explaining your health condition and asking for leave

· 我有点儿不舒服。
Wǒ yǒudiǎnr bù shūfu.

· 我浑身没劲儿。
Wǒ húnshēn méi jìnr.

· 我肚子疼，还有点儿恶心。
Wǒ dùzi téng, hái yǒudiǎnr ěxin.

· 老师，我想请假。
Lǎoshī, wǒ xiǎng qǐng jiǎ.

买药 Buying medicine

· 请问有没有治感冒的药？
Qǐngwèn yǒu méiyǒu zhì gǎnmào de yào?

· 效果怎么样？
Xiàoguǒ zěnmeyàng?

· 这一盒能吃多长时间？
Zhè yì hé néng chī duō cháng shíjiān?

邀请和约定 Inviting and making an appointment

· 明天晚上你有时间吗？
Míngtiān wǎnshang nǐ yǒu shíjiān ma?

· 我想请你参加我的生日聚会。
Wǒ xiǎng qǐng nǐ cānjiā wǒ de shēngrì jùhuì.

· 你要是没事儿，就和我一起去吧。
Nǐ yàoshi méi shìr, jiù hé wǒ yìqǐ qù ba.

· 咱们什么时候出发？
Zánmen shénme shíhou chūfā?

· 七点我在你们宿舍楼底下等你吧。
Qī diǎn wǒ zài nǐmen sùshè lóu dǐxia děng nǐ ba.

朋友来做客时主人说的话 Being a host

· 快请进！
Kuài qǐng jìn!

· 快请坐吧。
Kuài qǐng zuò ba.

· 多吃点儿。
Duō chī diǎnr.

· 大家一起干一杯！
Dàjiā yìqǐ gān yì bēi!

· 还早呢，再坐一会儿吧。
Hái zǎo ne, zài zuò yíhuìr ba.

· 欢迎你以后再来。
Huānyíng nǐ yǐhòu zài lái.

去做客时客人说的话 Being a guest

· 我带了一点儿小礼物，请你们收下。
Wǒ dài le yìdiǎnr xiǎo lǐwù, qǐng nǐmen shōu xià.

· 您别忙了，我自己来。
Nín bié máng le, wǒ zìjǐ lái.

· 我也敬您一杯。
Wǒ yě jìng nín yì bēi.

· 祝你们身体健康！
Zhù nǐmen shēntǐ jiànkāng!

· 我该回去了。
Wǒ gāi huí qù le.

· 谢谢你们的热情招待。
Xièxie nǐmen de rèqíng zhāodài.

· 不用送了，请留步。
Bú yòng sòng le, qǐng liúbù.

建议 Making a suggestion

· 我建议你去小商品市场。
Wǒ jiànyì nǐ qù xiǎo shāngpǐn shìchǎng.

· 你最好去大一点儿的市场。
Nǐ zuìhǎo qù dà yìdiǎnr de shìchǎng.

· 你可以晚上去。
Nǐ kěyǐ wǎnshang qù.

语 言 注 释 列 表
Index of Language Tips

1

① 你是我们学校的留学生**吧**？
这里的"吧"表示疑问，带有揣测的意思。

② **去吃饭啊**？
这是熟人见面打招呼的一种方式。说话人一般是根据对方的行为和发生行为的时间来决定自己的问话，如：出去啊？上班去啊？其实说话人并不在意对方怎么回答，所以对方只简单回答即可。

③ 你干什么**呢**？
这里的"呢"表示动作或状态正在持续。如：我在上课呢。她在看电视呢。

④ 我刚认识**了**一个新朋友。
这里的"了"用在动词后，表示动作完成。如：他喝了三瓶啤酒。上午我去了公园。

⑤ 她**是**学经济**的**。
"是……的"结构表示强调，所强调的内容是"是"和"的"中间的部分。如：是他告诉我的。我是昨天来的。

⑥ **哪里哪里**。
在中国，人们听到别人称赞自己时，经常用"哪里哪里"回答，表示谦虚。

2

① **那**晚上你做什么？
这里的"那"是"那么"的意思。

② **哦**。
表示"知道了"的口气。

③ 你可以**给**我打电话。
这里的"给"表示引出动作的对象。如"给他写信"。

④ 我学**了**一年多**了**。
第一个"了"表示"学"这个动作已发生；第二个"了"表示"学"这个动作到目前为止已经持续一段时间，并可能还要继续。有强调的语气。如：这本书我看了三天了。他病了一个星期了。

⑤ 过几天**就**习惯了。
这里的"就"表示事情发生得早或结束得早。如：我6：00就起床了。他明天就回去。

3

① **那**种大的一块五一斤。
在口语里，"那"常读为"nèi"，"这"读成"zhèi"。

② **再**便宜一点儿吧。
这里的"再"表示"更加"。又如"再努力一点儿"、"再高一点儿"。

③ 一块六**怎么样**？
这里的"怎么样"表示商量的口气，相当于"行不行"、"好不好"。如：我们现在去，怎么样？我给你10块钱，怎么样？

④ **便宜不了**了。
"动词/形容词 + 不了"表示动作或情况不可能实现。如：我今天去不了。没有笔，我写不了。这件衣服一个小时干不了。

⑤ 请拿给我**看看**。
"看看"是一种动词重叠形式。这种形式表示动作短暂或简单地进行。有尝试或随意的意味。如：你尝尝。我想试试这件衣服。

4

① 您可以先**看一看**。
"动词 + 一 + 动词"表示动作短暂地进行。"看一看"比"看看"郑重一点儿。如：请你说一说。你尝一尝吧。

② **看起来**不错。
"看起来"表示根据客观的情况估计。如：看起来要下雨。他看起来很累。

③ 可以**给**我加一点儿汤吗？
这里的"给"表示引出动作所服务的对象。如：给她买衣服、给他当翻译。

④ 味道**又**酸**又**辣。
"又……又……"之间嵌入动词、形容词或短语，表示几种动作、性质或状况同时存在。如：苹果又大又红。他又会英语又会汉语。

5

① 购物中心旁边**就**有一家大饭店。
这里的"就"表示加强肯定。如：那儿就是留学生楼。学校里就有邮局。

② 你先坐300**路**。

这里的"路"表示公共汽车路线。如：20路、717路。

③ 下车以后**好**找吗？

这里的"好"用在动词前，表示容易。又如：英语很好学。这个词很好懂。

6

① **还有**，我的床单脏了。

这里的"还有"表示补充。如：我今天很忙，要学习、要买东西。还有，下午要给朋友写信。

② 为什么**打不通**？

"动词+不通"表示不可能实现"通"的结果。跟"打不通"结构相似的还有"说不好"、"写不完"等等。这种结构表示动作的结果不可能实现。

③ 电话卡在什么地方可以**买到**？

"动词+到"在这里表示通过动作有所收获。又如：看到一本好书、学到很多东西。

④ **一般来说**一分钟是三块钱。

"一般来说"是插入成分，表示根据一般的情况。

7

① 有点**发低烧**。

一般来说，发烧时体温在38摄氏度以下是发低烧，38摄氏度以上是发高烧。

② 有羊肉、西瓜**什么的**。

"什么的"用在一个成分或并列的几个成分之后，表示"……之类"的意思。如：我想买点儿面包、矿泉水什么的。苹果、葡萄、西瓜什么的，我都爱吃。

③ 你要西药**还是**中药？

这是一个选择疑问句。"还是"可以放在每一个选择项目前，但第一项之前经常不用。如：你要茶还是咖啡？

④ 一次**一到**两包。

这里的"到"用在两个数量词之间，表示数量或时间的范围。如：每个班有十到十五人。我每天学习三到五个小时。

8

① 您**把这张CD借我用用**，可以吗？

这是一个把字句。在汉语里，表示对事物或人进行处置或影响时，常在表示被处置、被影响的人或事物的词语前加"把"。如：请把书给我。他

的表演把我们都感动了。

② 你**拿走**吧。

"动词+走"表示动作使某事物或人离开。如：你把这本书带走吧。我妹妹把自行车骑走了。

③ 把后面那个塔**照进去**。

"动词+进去"表示动作使某事物或人从外面到里面。如"照进去"表示照相的动作使形象进到照片里；"把书放进去"表示要放这本书，放的动作使书进到书柜里。又如：走进去、掉进去。

④ 要**横着照**还是竖着照？

在这里，"动词+着"用来说明动作的方式。又如：走着去、站着回答。

9

① **凉快是凉快**，可是天天下雨。

"……是……"表示让步。如：那儿远是远，但是很方便。我去是去了，可是没找到他。

② **最好**早一点儿。

这里的"最好"用于表示建议。又如：你最好三月去那儿。你最好别一个人去。

③ 那就**说定**了。

"说定"表示当面决定。如：说定了，你别忘了。我们已经说定了，明天一起去。

10

① 请你们**收下**。

"动词+下"表示动作使事物得到保存或使人不离去。如"收下礼物"、"写下名字"、"留下他"。

② **还带什么礼物啊**！

这是一个反问句。反问句表示强调，一般不需要回答。"还带什么礼物啊？"表示"不用带礼物"。

③ 我**都**吃不过来了。

这里的"都"有"已经"的意思，表示说话人认为数量多，句尾常有"了"。如：都吃了三碗了。都花了一千多块了。

④ 我都**吃不过来**了。

"动词+不过来"表示不可能对较多的事物逐个处理。如：最近事情很多，我都忙不过来了。这儿好东西真多，我都看不过来了。

⑤ 爱吃**的话**，就多吃点儿。

"……的话"也可以说成"如果……的话"。如：你喜欢它的话，就拿走吧。如果你来的话，请先打个电话。

⑥ **哪儿的话**。

　　表示说话人不同意对方这么说。

11

① 他们**多大年纪了**?

　　"多大年纪了"一般用于问老人的年龄。"几岁了"和"多大了"一般用于问小孩和年轻人的年龄。

② 她**才**上高二。

　　这里的"才"同"刚"、"只"。表示数量少、程度低，或表示时间早、短。如：他才两岁。我才吃了一个。现在才八点。

③ 你表哥好像比你**还**高。

　　这里的"还"用于比较句，表示加深程度差别。相当于"更"。如：今天比昨天还热。我下午比上午还忙。

12

① **还可以**。

　　表示不坏。这里有谦虚的意味。

② **什么时候**咱们一起去吧。

　　"什么时候"在这里不表示疑问，意思是某个时间。常用于表示某种意向。如：什么时候咱们一起吃饭吧。

③ 我**对**武术特别感兴趣。

　　这里的"对"是介词，用于引出"感兴趣"所关联的对象。又如："对音乐感兴趣"、"对历史感兴趣"。

13

① 身上总是**粘粘的**。

　　"粘粘的"是形容词"粘"的重叠形式，有"很粘"的意思。"AA的"表示程度深。又如："头发长长的"、"脸红红的"。

② **别提了**!

　　表示情况很糟糕，说话人不愿意多说。

③ 我的裤子和运动鞋全**淋湿**了。

　　"动词+湿"表示已发生的某个动作、状态使人或物变"湿"，"湿"是一种结果。如："淋湿"表示雨淋了以后人身上湿了。"弄湿了衣服"表示某个动作使衣服湿了。

14

① 我没**去成**。

　　你把"汉语"**说成**"韩语"了。

　　"动词+成"有时表示动作、行为的实现，如"没去成"、"没买成"；有时表示动作、行为使人或事物变成另一种情况、状态，如：你把"汉语"说成"韩语"了。他把我当成自己的哥哥。

② **哪儿啊**。

　　在这里表示情况不是对方所说的那样。

③ 我没**赶上**车。

　　"动词+上"有时表示动作、行为使人达到不易达到的目的。如"赶上车"、"考上了大学"；有时表示实现愿望，如"当上了律师"。

15

应该好找吧。

　　这里的"应该"表示根据客观情况估计、猜测。如：已经六点了，他们应该到了。六年没见面了，他应该变化很大吧。

郑重声明

高等教育出版社依法对本书享有专有出版权。任何未经许可的复制、销售行为均违反《中华人民共和国著作权法》，其行为人将承担相应的民事责任和行政责任；构成犯罪的，将被依法追究刑事责任。为了维护市场秩序，保护读者的合法权益，避免读者误用盗版书造成不良后果，我社将配合行政执法部门和司法机关对违法犯罪的单位和个人进行严厉打击。社会各界人士如发现上述侵权行为，希望及时举报，本社将奖励举报有功人员。

反盗版举报电话　　（010）58581999　58582371　58582488
反盗版举报传真　　（010）82086060
反盗版举报邮箱　　dd@hep.com.cn
通信地址　　北京市西城区德外大街 4 号
　　　　　　高等教育出版社法律事务与版权管理部
邮政编码　　100120